AF401468

Viure hors de toute ſocieté.

III. On ne peut pas tenir pour vray que cela
vienne touſiours du diable mais pluſtoſt du vice
des humeurs & du mauuais temperament de la
perſonne, partant ce ſigne ne conclud rien de certain, Hypocrate en outre en rapporte la cauſe à la *lib. de ære*
diuerſité de l'air, des lieux, des eaux & des alimens *aquis &*
locis.
qui ont vn grand pouuoir pour la generation des
humeurs melancoliques qui manifeſtement alterent
& changent les fonctions de l'ame comme cauſes
conſecutiues qui ont vne mutuelle liaiſon & de- *Quod ani-*
pendance les vns des autres, Gallien meſme eſt de *mi mores*
ſequuntur
cet aduis dans le liure qu'il en a fait expres ou ie *corporis*
renuoye la curioſité du lecteur qui en voit l'inſtru- *tempera-*
ction à la marge. *mentum.*

Les maladies longues, les ſymptomes peu ordinaires, vn
grand ſommeil, les vomiſſemens de choſes eſtranges.

IV. Quoy que dans les longues & faſcheuſes maladies qui ne cedent point aux remedes ordinaires
& qui trauaillent auſſi bien les Medecins comme
les malades, chacun ait ſoupçon de ſortilege ou de
quelque autre choſe de pire, on ne peut pas pourtant aſſeurer qu'il y ait aucune poſſeſſion : mais
on en peut rapporter la cauſe ou à la quantité ou à

la mauuaife qualité des humeurs qui perfiftent dans
leur crudité, & qui ne font pas difpofez à receuoir
cette maturation & perfection neceffaire, dans Hypocrate pour l'euacuatió d'iceux & pour vne entiere
guerifon qui ne fe fait que par la priuation & l'efloi-
gnement de ces mauuaifes qualitez : d'auantage on
en peut auffi accufer la deprauation ou le deffaut
des parties, par vne notable intemperature, par vne
mauuaife conformation, par corruptió de fubftance
ou par longue & inueterée obftruction eftant con-
ftant que toutes ces caufes ne font point de courtes
maladies ny d'accidens qui foient peu confiderables.

Pour ce qui eft de la ftupeur & priuation de fen-
timent de tous les membres ou du fommeil plus
long & plus profond qu'il ne doit eftre, cela peut
donner grand foupçon d'autant que beaucoup ont
efcrit de plufieurs Sorciers & mefme des poffedez
que pendant que leurs diables alloient au Sabat, ou
fe tranfportoient en quelques autres lieux, ils laif-
foient les corps comme immobiles & infenfibles,
foit qu'ils liaffent le fens commun auec tous les exte-
rieurs premier que d'en fortir, foit que laffez des
precedentes vexations ils euffent inclination au
repos, ou bien comme aucuns fe font perfua-
dez (mais fauffement) qu'il fe fift vne fepara-
tion de l'efprit & du corps, & que la priuation
l'abfence de l'vn fuft l'infenfibilité de l'autre,

cela meſme ſembleroit ſe confirmer par l'authorité
d'Herodote en ce qu'il eſcrit du Philoſophe Atheus
homme de grande & admirable ſcience, l'eſprit duquel le plus ſouuent ſortoit de ſon corps & ſe pour-
menoit par diuers lieux bien eſloignez & y rentroit
plus docte & plus capable qu'il n'en eſtoit ſorty.
Pline eſt encore de meſme aduis ou du moins eſcrit
vne ſemblable choſe de l'ame de Harmon le Cla-
zomenien , qui rapportoit la verité de beaucoup
de choſes de diuers pays apres auoir eſté long temps
abſente de ſon corps , mais ſans adiouſter foy à
toutes ces hiſtoires où ie voy bien peu d'apparence,
il vaut mieux recourir aux cauſes naturelles n'y
ayant aucune raiſon de prendre les choſes qu'au
meilleur ſens & dans le cours le plus ordinaire, diſons donc auec Ariſtote que le ſommeil eſt le repos
& le lien du premier *ſenſoire*, c'eſt à dire du ſens commun , & qu'il y a beaucoup de cauſes en la nature
capables de l'exciter de le prolonger & de le porter
à tel excez qu'il eſt bien difficile, (car le meſme
Autheur ne croit pas qu'il ſoit impoſſible) de s'éueil-
ler, & que tous ces accidens Cataphoriques & Som-
niferes ſe font par l'intemperature froide du cerueau, la generation de l'humeur pituiteux & le
tranſport qui s'y fait, ſon abondance, ſa lenteur,
la ſaiſon de l'Hyuer, l'air humide, les eaux, les lieux,
le ſexe, l'aage, & tout cela peut faire vn long & tres
profond dormir, qui arreſte tous les ſens & dedans

ὁ γὰρ ὕπνος
πάθος τι
τοῦ αἰσθη
τικὸν μορίον
ἐςὶν οἷον
δεσμὸς ἢ
ἀκινησία τις
*li. de ſom-
no Vigilia
c. 1.*
οὐδεῖς γὰρ
ὕπνος ἀυέ-
γεργὸς.
*lib. 5. de
generat.*

& dehors, de sorte qu'il ne se fait plus aucune espece sensible, exterieure, ny aucune perception en
l'intellect, qui lors ne peut auoir aucune action, il
n'y a pas dequoy s'estonner si pendant tous ces in-
terualles quelques longs qui puissent estre, vn corps
demeure, assoupi, immobile, insensible, sans parole, sans action, & comme sans vie.

Quand aux vomissemens ou autres excretions de
matieres estranges & de soy effroyables, comme
Crapaux, Serpents, Lezards, grands Vers, de la
Chanure, du Poil, des Cousteaux, des Esguilles,
des Cloux, des Esplingues, nous en auons veu icy
des exemples, & depuis deux ans i'ay eu communication du mal d'vne femme de Bonnieres entre
Mante & Vernon, trauaillée de semblables accidents, & cét Esté dernier vn Chirurgien ayant donné vn vomitoire fait auec quelque infusion du Saf-
fran, des metaux ou autre preparation d'Antimoi-
ne à vn ieune homme de Longueuille pres Vernon,
il ietta vn grand Crapaut tout viuant, & mesme
nous lisons dans Ianus Boissardus, que depuis peu
en Allemagne vne vieille demanda l'aumosne à vne
seruante qui ratissoit des naueaux auec vn Cousteau
qui l'en refusa auec paroles aigres & peu courtoises,
luy commandant de se retirer en diligence, ce que
fit la vieille en menaçant celle qui l'auoit ainsi re-
poussée & disant qu'elle s'en repentiroit, ce qui se
trouua veritable ; Car la seruante perdit de veuë

*De præsti-
giis Ma-
gicis ca. 5.*

au meſme temps ſon Couſteau, & commença à ſe
plaindre d'vne ſi exceſſiue & intolerable douleur de
coſté, que les Medecins appelez ſe trouuerent de
diuers ſentimens, les vns diſans que c'eſtoit pleure-
ſie, les autres quelques abſés ou quelque vlcere interne, & apres y auoir fait toutes ſortes de remedes
inutilement, parut en fin vne tumeur à l'ouuerture
de laquelle outre les matieres purulentes & ſanieuſes
ſe preſenta le Couſteau tout roüillé, que la malade
recogneut eſtre le meſme dont elle s'eſtoit ſerui.
Pour y reſpondre nous diſtinguons & ſeparons les
choſes naturelles d'auec les artificielles; les naturelles
ſont Crapaux, Serpéts, Vers, Fer, Pierre, Chanure, &
autres; & diſons que bien que cela ſoit bien eſtran-
ge : Il n'eſt pas pourtant hors de raiſon, qu'il eſt bien
hors de l'ordre, mais non hors du pouuoir de la na- *Homo eſt*
ture, car l'homme ſelon Ariſtote eſtant en quelque *quodam-*
ſorte toute choſe ayant eſgale correſpondance par *modo om-*
nia cor-
l'ame auec les choſes animées, comme par le corps *pore corpo-*
auec les corporels, & outre cela ſelon l'opinion de *reorum,*
Platon ſe trouuant des Idées de toutes choſes, ſoit *anima ani-*
matorum.
en Dieu comme Principe & agent vniuerſel, ſoit
en ce qu'il appeloit l'ame du monde ou la nature,
Il eſt à croire que quand quelque matiere ſuſcepti-
ble de ces formes ſe rencontre en nos corps qu'auec
la concurrence de l'agent vniuerſel & particulier, Il
s'y peut faire des generations auſſi parfaites comme
elles ſe font ailleurs.

Pour les artificielles, comme les Cloux, les Eſ-
pingles, &c. ne pouuant en remarquer aucune cauſe en la nature, nous ſommes obligez de les referer
aux Magiciens & Sorciers, qui bien ſouuent ſe ſeruent d'illuſions ſemblables pour deceuoir nos ſens
par des choſes apparétes, mais fauſſes, ou bien ſi elles
ſont veritables elles ſe font par l'induſtrie & l'aſſiſtance & non touſiours par la poſſeſſion du diable.

Blaſpheſmer le Nom de Dieu, & auoir ſouuent
le diable en la bouche.

V. Si l'homme n'ignoroit pas la maxime de cet
ancien, que les grãds & les puiſſans ſe reſſouuiennent
long temps du meſpris & des iniures qui leur ſont
faites, ſon inſolence ou pluſtoſt ſon aueuglement
ne le porteroit pas iuſques à cet excez de folie & de
rage de blaſphemer le Nom de Dieu, comme s'il
eſtoit inſenſible pour n'en eſtre point touché ou impuiſſant pour n'en point tirer de vengeance, d'ailleurs ie ne puis aſſez m'eſtonner d'entendre pluſieurs
auoir touſiours le diable en la bouche, & par ainſi
pas loin du cœur, & ſouhaiter à tous propos qu'il les
emporte, ſi la choſe arriuoit ainſi comme elle eſt deſi-
rée ce ſeroit vn horrible ſpectacle, mais vn grand &
memorable exemple : Le diable n'en veut pas de
tels qui luy feroient perdre beaucoup plus d'autres
perſonnes qui en ſeroient touchez qu'il n'auroit de

ſatisfaction de tourmenter vn miſerable, & quoy
que l'vn & l'autre de ces crimes ſoit tres grand &
donne vn notable pouuoir au diable ſur celuy qui
le commet, ce n'eſt pas pourtant vne verité qu'il
faille croire qu'il le poſſede.

Faire paƈt auec le Diable.

V I. I'aduouë que cette impieté eſt au delà de
toute autre choſe, & ne ſe pourroit pas ſeulement
conceuoir ſi elle n'eſtoit ordinaire à tous les Magiciens, Sorciers, deuins & autres ſortes de malheu-
reux hommes, dont nous auons des exemples dans *Bodin.*
les Hiſtoires, & pour ce ſuiet le diable ne ſe conten-
tant pas de leur parole ny de leurs promeſſes faites *Bocquet.*
auec ſermens, iuremens, imprecations, abnegations,
renonciations de tout ce que nous auons de ſainƈt,
il les eſtampe meſme de ſa marque comme eſclaues
de la plus grande tirannie & la plus malheureuſe
ſeruitude du monde, d'inferer toutefois de cela
vne poſſeſſion neceſſaire, cela ne ſe peut: car le diable ſe tient aſſez aſſeuré de telles gens ſans qu'il ſoit
obligé qu'il en prenne vne preuue plus viſible comme il feroit en les poſſedant.

Eſtre trauaillé de quelques Eſprits.

VII. Quelques modernes ont fait deux ſortes de poſſeſſion, vne en l'interieur l'autre au dehors, la premiere eſt celle dont il s'agit en ce diſcours ou le diable prend vne abſoluë & interieure poſſeſſion & reſidence au corps des hommes, ſe ſert de ſes organes, bouleuerſe & depraue toutes ſes facultez & fait par ſa puiſſance & ſon actiuité de merueilleux & d'eſtranges effects, la ſeconde eſt vne vexation continuë & extraordinaire que le diable fait à certaines perſonnes par illuſions, par ſpectres, viſions nocturnes, violences, coups, baſtonnades & autres excez, & eſt appelée obſeſſion, ie ne voy pas pourtant que les Autheurs Latins faſſent grande diſtinction de ces deux mots *obſeſſio & poſſeſſio* les confondans le plus ſouuent & ſe ſeruans eſgallement de l'vn comme de l'autre ſans y apporter grande difference, nous concluons toutefois que cét article donne vne veritable preuue de l'obſeſſion, & ne laiſſe qu'vne bien ſimple coniecture de l'autre.

Non ab inhabitantibus ſed ab aſſiſtentibus ſpiritibus perficitur. D. Augu.

Auoir dans le viſage quelque choſe d'affreux & d'horrible.

VIII. On ne ſçauroit aſſez admirer toutes les merueilles qui paroiſſent dés le premier abord dans

le vifage de l'homme, la majefté, la beauté, le fexe,
l'aage, les fignes de la vie & de la mort & beaucoup
d'autres chofes ne s'y defcouurent pas feulement
mais mefme toutes les paffions & les mouuemens
interieurs de l'ame, la ioye, la trifteffe, la hardieffe,
la crainte, l'inquietude & la tranquilité s'y remarquent fi aifément qu'il n'y a que ceux qui font pri-
uez de la veuë qui les puiffent ignorer, & comme les
gens de bien & d'honneur ont toufiours vne certaine gayeté qui leur eft comme naturelle, vn port mo-
defte, vn gefte tranquille, & ie ne fçay quoy de fplen-
dide & d'illuftre que Platon dit participer d'vne lu- χλωερόσμα λαμπρόν.
miere diuine, fignes & marques veritables d'vn contentement interieur de confidence & de fatisfaction ἐυθυμία.
en foy-mefme, ainfi les mefchans par certaine trifteffe & vn morne chagrin, & ie ne fçay quoy d'horrible & d'affreux, (qui bien que caché & en quelque
forte inexplicable ne laiffe pas de fe manifefter def-
fus leur front) font voir leur finderefe, leur defefpoir
& leur inquietude, & fi cela fe rencontre veritable
comme il eft ordinaire à tous les Sorciers, fuiuant
le Prouerbe, mine de forcier, c'eft à dire trifte, hideu-
fe & maigre, & l'experience qu'on a qu'ils font tous
laids, melancoliques, refueurs, ords & fales on peut
auffi tirer quelque femblable foupçon des poffedez, le diable n'eftant iamais dans vn corps qu'il n'y
donne par fa laideur quelque figne de fa prefence.

S'ennuyer de viure & se defefperer.

IX. Il y a sans doute bien souuent en ces actions
de defefpoir quelque chose du diable , mais c'est
pluftoft impulsion que posseffion : car fi la posseffion faifoit faire de femblables effects ce feroit fans
crime & fans la faute de celuy qui les commettroit,
d'autant que ce ne feroit pas luy qui agiroit, mais le
diable qui l'y forceroit, ainfi on ne doit pas inferer
que le diable foit toufiours meflé dans le defefpoir,&
le peu de côtentement qu'on a de viure,il y a des caufes plus naturelles qui nous le font rapporter à la pro-
prieté de l'humeur melancolique ou atrabilaire , qui
fe remarquent en ceux qui en font trauaillez qui ne
reçoiuent aucune efpece en leur imagination qui ne
leur foit ennuyeufe , la ioye des autres eft leur trifteffe, tout les fait craindre fe taire , pleurer & foupi-
rer, la folitude recherchée , les tenebres , les fonges
pleins d'horreur , les vifions imaginaires font leurs
plus communs entretiens, ils craignent ce que plus
ils defirent , qui eft la mort , & de melancoliques
deuenus maniaques,bien fouuent ils s'y precipitent,
de cela font foy Empedocles & Cleomenes le defef-
peré chez Plutarque , l'vn defquels fe ietta dans le
feu & l'autre fe tua de fon efpée.

Eftre

Estre furieux faire des violences.

X. Il se trouue diuerses causes de ces transports &
de ces déreglemens, & quoy que bien souuent les possedez soient agitez de ces fureurs, il n'en faut pas
pourtant tirer vne absoluë consequence de fait & de
preuue, d'autant qu'il y a des mineraux des herbes
& des racines qui souuent nous precipitent & nous
font tomber dans ces accez de demence & d'infanie.
Ce sont effects du sang plus chaud qu'il ne doit
estre selon Paul Æginete ou d'vne bile seule selon *C.16.lib.*
Aetius qui s'eschauffe, se brusle & se consomme, ou *3.lib.6.*
de quelque venin ou mauuaise qualité qui par an- *c.9.*
tipathie nous trauaille, & toutes ces causes se portent au cerueau, deprauent l'imagination, renuer-
sent la raison & toutes les facultez qui donnent à
l'homme le dessus & le commandement sur tous les
autres animaux, Ainsi bien que ce signe se rencontre quelquefois dans la possession il n'est pas pourtant bien certain, mais coniectural comme les autres.

Faire des cris & des hurlemens comme les bestes.

XI. Le diable ne tasche pas seulement de nous
nuire, mais aussi de nous effrayer, sa rage, sa malice

Petr. Epi.
I. cap. 5.
Christus
Leo ob for-
titudinem
diabolus
ab feroci-
tatem.
D. Augu.
serm. 46.
Tigris pe-
riit eo quod
non habe-
res prædã
De Grego.
Moraliũ
5. ca. 16.

& le soin qu'il employe à nous perdre est tel, & de si grand pouuoir que l'escriture & tous les Peres en comparent l'Autheur aux plus impitoyables animaux de la terre, mesme le plus souuent ils luy en donnent le nõ l'appellant le Lion, le Tygre, le Loup, le Serpent, ou d'autant qu'autrefois il s'est manifesté sous semblables figures selon la diuersité des desseins qu'il a eu de nous surprendre, ou parce qu'il retient encore les finesses, les trahisons, les cruelles inclinations & beaucoup d'autres telles proprietez de ces fieres & impitoyables bestes, mesme les voix, les bruits, les rugissemens, les hurlemens & mille autres sons inarticulez & cris effroyables se trouuent ordinaires & comme coustumiers à ceux dont il a pris possession, ce qui ne donneroit pas peu de soupçon ny de legere coniecture à la recognoistre, n'estoit que nous remarquons beaucoup de semblables effects dans les accez des Maniaques & Fanatiques ; là sans qu'il y ait rien que de naturel par vne bile noire, bruslante & non encor incinerée dont la

τὸ ἄρρητον
τί.

generation ou plustost le transport se fait de bas en haut, & par ie ne sçay quelle tacite & inexplicable qualité autre que le chaud, le froid, le sec & l'humide (qui se rencontre assez souuent dans ces humeurs melancoliques & atrabilaires) naissent de grands & deplorables accidens, inquietudes, trauaux, fureurs, transports, cris, hurlemens, fausses & peruerses ima-

ginations, ne croyant pas ſeulement eſtreloups pour
hurler, mais deuenus chiens pour abbayer & pour
mordre.

Qui prendra toutes ces coniectures ſeparément
n'y trouuera pas grand fondement de raiſon pour
tirer vne concluſion neceſſaire qu'vn homme ſoit
veritablement poſſedé, mais qui conioinctement
les trouuera vnies auec celle que nous allons deduire
vne ou pluſieurs, il formera ſon iugement, de ſorte qu'on en pourra tirer vne certaine cognoiſſance,
ainſi ce qui tout ſeul ne ſeruiroit d'aucune preuue,
& partant ſeroit inutile, par rencontre ſe trouuera
non ſeulement preſſant mais en quelque ſorte neceſſaire.

Les ſignes Vniuoques & certains d'vne veri-
table poſſeſſion.

Il n'y a que deux moyens pour paruenir à cette
cognoiſſance, l'vn de ſçauoir ce que fait le diable
dans le corps dont il a pris poſſeſſion, l'autre ce qu'il
y ſouffre, le premier ne conſiſte qu'aux actions qu'il
y exerce dependantes de l'Eſprit ou du corps, l'autre ne ſe peut rapporter qu'au pouuoir & à la vertu
des choſes ſaintes.

REVELER LES CHOSES SECRETES
& cachées.

I.

C'Eſt vn ſecret de grande merueille & d'importance ſinguliere en la nature, de ſçauoir ſeul ce qui eſt incogneu à tous les autres, les yeux du corps ſont trop groſſiers & trop materiels, ceux de l'eſprit (i'entens le diſcours & la raiſon) ne ſont pas aſſez clair-voyans pour n'emprunter point d'ailleurs cette cognoiſſance admirable ; toute ſcience comme tout ſentiment doit auoir ſon obiet, & tout obiet ſa proportion ; l'eſprit humain n'atteint point iuſques là, luy attribuer cette cognoiſſance qui eſt au delà de ce qu'il peut, c'eſt raiſonner plus loin que la raiſon.

Ce que l'on dit des Chaldeens, des Pythons & autres ſortes de Deuins, qui authoriſoient leurs menſonges du nom de Science certaine, dont l'antiquité ſe vantoit d'auoir eu de beaux & d'illuſtres enſeignemens, tout cela s'eſt en fin trouué menteur, l'impoſture en a eſté deſcouuerte, il ne nous en reſte plus rien tant par la tromperie de l'autheur que par l'ignorance de ceux qui l'exerçoient, &

Cuius antiqua & noſtra ætas præclara documenta tulit. Tacit. li. 16. ann.

quand cela se pratiqueroit encor on verroit aisément que ce seroit vne reuelation du diable, mais
d'vne maniere differente des possedez ; car en ceux
cy le diable quelquefois dit merueille sans qu'ils
sçachent bien souuent ce qu'ils ont dit, & sans en
auoir de souuenance : mais les Deuins outre l'intelligence qu'ils ont de leurs reuelations, eux mesmes les proferent apres en auoir consulté le diable.

Disons donc auec toute sorte de verité que publier les choses secrettes & parler de ce qui doit arriuer, ne peut appartenir qu'à Dieu seul ; par vne cognoissance veritable & certaine, qui de sa part ne
change point, & qui tient toutes les differentes parties des temps, comme vn instant present de son
eternité : mais qu'ayant creé les Anges bons & mauuais, auec des lumieres & des perfections singulie-
res, & leur ayant departi vne cognoissance entiere
de toute la nature, quoy que puis apres les vns se
soient reuoltez, comme il n'a pas aneanti leur estre,
aussi ne les a-il pas despoüillez de toute les prero-
gatiues de leur nature, & tous les grands & signa-
lez attributs d'intelligence de science, de volonté
leur sont demeurez & demeureront eternellement,
pour perpetuer leur regrets & pour iuger eux mesmes auec quelle iustice il les a rendus miserables.

Ainsi Dieu & le diable peuuent cognoistre les choses secrettes & cachées, presentes, passées & à venir,
mais par vne maniere bien differente : car Dieu les

fçait par vn principe certain de fcience infinie &
immuable comme nous auons dit , l'autre , par vn
moyen beaucoup plus imparfait, le prefent par vne
cognoiffance intellectuelle, intuitiue ou abftractiue, intuitiue de la chofe prefente , comme elle eft
en fon entier & actuelle exiftence fans qu'il foit
de befoin qu'il en produife aucune efpece , l'obiect
prefent eftant affez capable de luy en donner la notion qu'il en peut auoir , abftractiue quand le bien
n'eft pas fi prefent, ou qu'il a quelque chofe de commun & de general qui l'oblige d'en faire vne abftra-
ction,pour par cette efpece abftractiue & feparée le
cognoiftre fans confufion , & auec toutes fes proprietez : Il fçait auffi toutes les circonftances du
paffé,non par excellence de memoire comme l'homme , d'autant que c'eft vne des facultez de l'ame
raifonnable,qui n'eft pas ordinaire aux Anges & aux
Demons , mais parce que de toutes les chofes qui
ont efté il en peut refter vne impreffion , c'eft à dire vne efpece particuliere dans l'intellect du diable,
qui fait, qu'il les confidere comme fi elles eftoient
encore prefentes & exiftantes, fans qu'il en oublie
les moindres particularitez , & par ainfi il cognoift
& fe reffouuient, s'il faut ainfi parler, de toutes chofes qui fe font iamais faites au monde, non plus qu'il
n'ignore pas ce qu'y s'y fait,mefme dans les lieux les
plus efloignez.

Pour le futur bien que d'abord il femble qu'il y

d'euſt auoir plus de difficulté, il faut toutefois aduoüer que quoy qu'il n'y ſoit pas ſçauant en tout, il
n'en ignore pas auſſi la meilleure partie : car comme ainſi ſoit qu'il y ait des choſes qui doiuent arriuer comme la conionction ou l'oppoſition de quelque planette, le cours reglé & meſuré des Aſtres dont
l'Eſtre & l'exiſtance depend d'vne cauſe entierement neceſſaire qui agit touſiours eſgalement, &
qui produit touſiours vn effect ſemblable, vniforme
& certain, perſonne n'oſeroit nier que le diable qui
ſçait toute l'actiuité de cette cauſe ne puiſſe auſſi
ſçauoir tout ce qui doit arriuer de ſa production;
d'ailleurs auſſi puis qu'on rencontre beaucoup d'autres euenemens qui ne dependent d'aucune delibe-
ration, & dont les cauſes ne ſont non plus neceſſaires que libres, mais le plus ſouuent agiſſantes d'vne
telle & ſemblable ſorte, pouuons-nous pas aiſément
croire que luy qui eſt ſçauant en toute ſorte d'experience & qui pour cela eſt appelé *Demon* peut predire ces accidens dés le premier inſtant qu'il en a co-
gnu la cauſe, quoy que beaucoup deuant quelle nous
ſoit notoire, ou par ſoy ou par ſon effect.

Vt Sani-
tas ex tali
Medica-
mento.

Meſme outre cette dependance & comme neceſſaire ſuite des cauſes & des effects, i'oſeray bien
aſſeurer qu'il ſçait & ne peut ignorer beaucoup de
choſes futures qui ne ſe font pas ſans noſtre volonté
& noſtre liberté d'agir, & n'y a pas dequoy s'en
eſtonner puis que c'eſt l'ordinaire & le propre de

noſtre volonté de ſuiure les affections du corps ſi
cognoiſſant comme il fait parfaitement toutes nos
inclinations,& de quelle ſorte noſtre volonté ſe doit
mouuoir deuant ſon obiect, il peut par l'approche-
ment de l'vn & de l'autre ioindre l'actif & le paſſif
& publier hautement ce qui peut en arriuer.

Mais comme nous auons manifeſté les cognoiſſances du diable, il faut auſſi deſcouurir ſa nudité
& faire paroiſtre ſes deffauts, & ſon ignorance. Diſons donc qu'il y a en la nature, des choſes contin-
gentes & fortuites, produites de cauſes libres & non
forcées, auſquelles il ne ſçauroit rien cognoiſtre,
car il n'en peut pas ſçauoir la cauſe, puis qu'eſtant
libre en ſon action, elle eſtoit indifferente, non limitée ou determinée à cecy ou à cela, encore beaucoup moins en cognoiſtre & predire les effects,
puis qu'ils n'eſtoient pas encore ny preſens ny exi-
ſtans, il ne peut en produire aucune eſpece intelligi-
ble : il faut donc dire qu'il n'y a que l'intellect de
Dieu, infiny & Eternel, qui puiſſe produire cette notion, tournant comme il luy plaiſt toutes les choſes,
& diſpoſant ſelon ſon vouloir de toutes les differences du temps.

Ainſi par ces raiſons, il eſt conſtant que le diable n'a pû predire, ny la ceſſation des oracles, ny la
ruine de leurs temples, & mille autres ſemblables accidens, mais bien que peu ſçauant en ces matieres, il
excelle pourtant en beaucoup d'autres & en co-
gnoiſt

gnoiſt aſſez pour ſe faire admirer par beaucoup de
predictions qu'il en fait qui bien qu'elles procedent
de l'autheur & du pere de menſonge ne laiſſent pas
pourtant de ſe trouuer aſſez ſouuent veritables
pour authoriſer ce qu'il dit.

Pour concluſion de cét Article, il ne nous reſte
plus à ſçauoir que le moyen de remarquer ſi les
reuelations que diſent les hommes viennent de la
part de Dieu ou du diable, ce qui eſt non ſeulement
raiſonnable : mais abſolument neceſſaire de peur
de prendre (comme on diſoit à Athenes la féue
noire pour la blanche,) & pour cela nous aſſeurons
que les reuelations, aduertiſſemens ſecrets, & my-
ſteres du preſent ou du futur qui ſont icy manife-
ſtées de la part de Dieu, de ſes Anges ou de ſes ſer-
uiteurs & Prophetes, ſont touſiours pour le bien
des hommes, par eux il les illumine, les enſeigne, les
reſiouyt; ils ſont conformes à ſon vouloir à ſon pouuoir, à ſon amour; ſe font touſiours auec honneur
verité & modeſtie, ou au contraire tout ce qui vient
de l'autre part eſt plein de fourbes, d'iniures, blaſphemes, equiuoques, railleries, bouffonneries, im-
pudences, paroles diſſoluës & deshonneſtes, à la
perte & à la ruine de l'homme, & au meſpris de celuy qui l'a creé.

*Spiritu
ſanCto in-
ſpirati
loquuti
ſunt ſanCti
homines
Dei.
Epiſt. 2.
Pet. ca. 1.*

E

PARLER LES LANGVES
ou selon le Rituel Romain, les entendre.

I I.

CEtte marque a tousiours esté tenuë certaine
& indubitée d'vne vraye possession, tant parmy le vulgaire que parmy les sçauans, d'autant que
parler en toute sorte de langage ou en quelqu'vne
qu'on ait point apprise, cela ne peut venir d'vne
cause naturelle ains d'vne reuelation, inspiration ou
enseignement de Dieu, des Anges ou du diable, de
Dieu cela est tousiours sans controuerse, des Anges
& des Demons cela est aussi tres certain. Car estant
comme ils sont vrayes & parfaites intelligences, ils
sçauent par nature & par science intuitiue & spe-
culatiue, & en outre par la frequentation & la han-
tise des hommes qu'ils enuironnent, qu'ils obser-
uent & ne perdent point de veuë, toutes sortes d'I-
diomes & de langages estranges pour esloignez &
peu vsitez qu'ils puissent estre parmy nous, il n'en
est pas de mesme des hommes qui n'ont pû, ne peuuent & ne pourront iamais s'exprimer que par les
termes de la langue qu'ils ont apprise, ce qui se
prouue tres aisément. Car comme ainsi soit que

le discours ne soit que l'expression de ce que nous auons conceu dans l'intellect parlant en langage que nous n'aurions ny appris ny compris ; il s'en-suiuroit que nous serions en possession, & en iouyssance d'vn effect auant que sa cause eust eu aucune existence en la nature.

D'ailleurs, puis qu'en la mesme nature, il n'y a rien sans la nature, i'entens sans cause legitime & ordinaire, nous disons & chacun en demeure d'accord que le discours est vne action, que toute action est l'œuure d'vn agent, que tout agent est cause naturelle, bornée & limitée en son pouuoir, & de là concluons qu'il n'y a point d'action dont on ne puisse donner quelque cause, mais quelle cause pourroit-on assigner d'vn langage incogneu & inusité en la bouche de ceux qui le parlent sinon ce que l'entendement en a conceu, & dont la parole est la seule signification, & si l'entendement humain n'est pas capable de cette cognoissance pour ne pouuoir auoir aucune notion d'vne chose qui luy est incogneuë, pouuons-nous pas donc en tirer vne conclusion necessaire & veritable, que cela se fait par vn agent externe qui n'est pas de luy, mais qui agit en luy comme l'autheur de cette cognoissance ? Car autrement il faudroit aduoüer que nostre esprit pourroit auoir en vn mesme instant ce qu'il n'a pas & sçauoir ce qu'il ne sçait pas, ce qui repugne.

Et ne sont en aucune sorte receuables les exem-

οὐδὲν ἐστὶν
ἐν φύσει
ἄνευ φύσεως

Leuinus
Lemnius,
lib. 2 de
occultus
nat. mirac.
ples que quelques vns rapportent de certains frene-
tiques qui par l'ebulition du sang & de la bile esleuée iusques au cerueau, par l'agitation des esprits
& autre ie ne sçay quel meslange ou confusion d'humeurs & de qualitez ont autresfois parlé certain langage pendant la violence de leurs accez , dont iamais ils n'auoient eu aucune cognoissance,& mesme depuis aucune memoire ; car comme on ne trouue aucun fondement de raison pour deuëment au-
thoriser ces Histoires, on peut aussi de mesme en
reuoquer la verité en doute, où si elle estoit tellement auerée, on pourroit dire que comme le diable
se mesle bien souuent dans le Foudre & dans le Ton-
nerre pour s'en ioüer & luy faire faire mille vireuol-
tes & mille tours en l'air , que par mesme raison il
peut se mesler parmy nos resueries pour donner suiect d'admiration aux vns , de frayeur, & d'estonnement aux autres.

Partant ne laissons pas de conclurre auec toute
certitude, que cette cognoissance des Idiomes in-
vsitez soit pour parler, soit pour l'entendre, est tousiours vn effect ou de Dieu, ou du diable, qui ne peut
estre distingué que par soy-mesme, c'est à dire par
les circonstances alleguées au precedent article.

DIRE DES CHOSES EN QVELQVE
Langue que ce soit au delà de la suffisance de celuy qui parle.

III.

CE signe est remarqué par Abulensis que nous distinguons bien peu du precedent, aussi est-il obmis dás le Rituel Romain, & n'y faut pas chercher d'autres raisons que celles que nous auons dites cy deuant, ces deux actions *parler en langage incogneu & non appris*, *& dire des choses hautes & releuées en nostre langue*, estant comme semblables ou du moins bien peu differentes, & dont on peut hardiment tirer vne semblable consequence, & ce que nous disons de cecy nous l'asseurons aussi des autres sciences, l'Escriture, la Musique, la Philosophie, la Theologie, qui sans l'assistance de Dieu ou du diable ne se peuuent apprendre que par preceptes & par habitudes, si bien que quand elles se rencontrent d'autre sorte en quelqu'vn on n'en peut pas tirer vne simple coniecture, mais vne preuue certaine du pouuoir de l'vn ou de l'autre.

In octauū c. Matth. quæst. 14.

Des signes dependans des actions du Corps.

On ne peut pas reduire à certain nombre deter-
miné toutes les actions du corps, dont la deprauation nous peut seruir de preuue, d'autant qu'il n'y en
a pas vne qui ne puisse souffrir quelque violence,
hors & au delà de l'ordinaire des accidens humains;
& partant la demande de plusieurs me semble ridi-
cule & peu iudicieuse touchant les filles de Louuiers:
Sçauoir si elles se tiennent esleuées en l'air, sans estre
portées d'aucun corps solide, ou si elles volent comme des oyseaux, & de pareille agilité, comme s'il n'y
auoit aucune preuue de possession sans cette marque,
(que ie n'ay iamais leuë dans aucun autheur, & qu'on
ne remarquera pas dans tous les possedez que Iesus
Chrift a deliurez:) ou si le diable estoit obligé
de suiure nos inclinations, de satisfaire tout le monde, de contenter l'impertinente curiosité de toute sorte d'esprits, par autant de differentes merucil-
les, comme il s'y rencontre d'extrauagances.

Le Rituel Romain ne faict que d'vne sorte de
ces actions, mais les autres autheurs & l'experience
nous en font bien remarquer d'auantage. Et com-
bien que chaque action porte auec soy son tesmoi-
gnage, nous ne laisserons pas pourtant d'en tirer
ce raisonnement & cette consequence generale; Que
tout agent naturel est tellement borné & limité en

ſon action, que mal aiſément il la peut outrepaſſer,
ſon actiuité ne pouuant produire aucun effet au delà
de ſon pouuoir, où il n'y a plus de cauſe. Or le corps
humain eſtant de ce nombre des agents naturels,
quelque force que puiſſent auoir ſes facultez, quelque temperature ou bonne conſtitution qu'a-
yent ſes organes & ſes parties, il ne peut produire
que des effects ou des actions ordinaires, quelquefois, auec la difference du plus ou du moins. Mais
lors que cette difference n'eſt pas raiſonnable, &
quelle ſurpaſſe le cours, la regle, & l'ordre de
la nature, ne pouuons nous pas inferer auec raiſon qu'il faut qu'il y ait quelque force maieure, &
quelque agent particulier dont le pouuoir & l'actiuité ſoit proportionné à ſes grands & extraordinaires effects ? Ainſi nous concluons que neceſſairement dans ces occurrences il y a quelque choſe de
Dieu ou du diable, comme aux choſes qui ſuiuent:

AVOIR DE LA FORCE AV
delà de la force humaine.

I.

LA force dont nous entendons parler, n'eſt pas
cette qualité de l'ame qui dans la neceſſité des

μεγαλοθυ-
μος.

grands perils & des autres occurences, rend les hommes Magnanimes genereux , & comme on appelle
gens de cœur ; celle-cy est vne puissance ou vertu de
l'homme qui consiste à se tenir ferme, mouuoir,
trainer , porter: Ie sçay que beaucoup se font trou-
uez puissans & renommez en cela; l'histoire de Sam-
son, de Milon le Crotoniate, de Marsitas , de Maxime l'Empereur & quelques autres, en est assez fami-
liere & comme en eux on a esprouué de grandes forces, on y a veu aussi beaucoup de naturel. Comme
ceux qui de tout temps côme par degrez les auoient
acquifes , & partant on n'en peut pas tirer consequence ny conclusion telle que raisonnable-
ment on pourroit prendre de quelqu'vn qui facile-
ment briferoit des chaines de fer , romproit des por-
tes, en arracheroit les gonds , abattroit des murail-
les & porteroit de trop lourds fardeaux. Car faisant
comparaison de ce qu'il font auec l'impuissance
qu'ils auoient deuant, & qu'ils auront apres de le
faire , on peut iuger certainement que ce pouuoir

Gregor.
Turon. in
vita S.
Nicetij.
Bar.ann.
530.

d'agir de telle forte ne vient point d'eux , mais de
l'aide & du secours d'autruy. Ainsi souuent par cette
feule marque, beaucoup de Sainčts ont defcouuert
l'assistance du diable.

Vne

Vne agilité trop grande, vne pesanteur semblab e.

II.

C'Est vn axiome de Philosophie de pouuoir parler par mesme raison, & de tirer vne mesme
consequence des choses contraires, l'agilité du corps
& la paresse de le mouuoir sont entierement oppo-
sez, il faut donc les traicter ensemble, & pouuons
dire que quand nous voyons des agilitez, des transports de lieu en autre, se leuer en l'air, friser vne
muraille, aller de branche en branche d'vn arbre,
passer par le destroit d'vne fenestre sans sauter cóme
par esleuation simple, ne se lasser point de courir &
faire autres choses semblables, comme au contraire
quand on remarque vne paresse insigne, vne stu=
peur vniuerselle, vne priuation de tous les sens comme celle du diable, de S. Marc & de S. Luc qui
estoit sourd, aueugle & muet, vne pesanteur inouye,
tout cela, di-ie, apparoissant & qui que ce soit ne
pouuant y remarquer aucune cause naturelle des
vns ou des autres de tels accidens ou de leur viciſ-
situde on en peut tirer vne resolution certaine de veritable possession.

ἀεὶ τὰ ἴσχα-
ῷ ἐν τῷ
αὐτῷ δεκ-
τικῷ φαίνε-
ται γινομέ-
να καὶ τῦ
αὐτῦ ὄιῷ.
*Arist. lib.
de somn.
c. 1.*

*Vide exem-
pla apud
Thyreum
cap. 26.
part. 2.*

Des mouuemens extraordinaires.

I I I.

La poſture des poſſedez dans la violence de leurs agitations n'eſt pas touſiours bien naturelle : car comme le diable quand il eſt en vn corps s'en rend le Maiſtre, & pour y faire tout ce qui luy plaiſt, ne prend ordre ny regle d'aucun autre que de luy, & meſme il y renuerſe toute l'œconomie ordinaire pour y mettre la confuſion, il eſt aiſé de ſe perſuader que les aƈtiós qui s'en enſuiuent ſont differentes bien ſouuent des vrayes & naturelles, comme faites par vn agent puiſſant qui les accommode à ſa guiſe. Or il ſemble que comme la ligne droiƈte eſt la regle de ſoy & de l'oblique, que pour bien cognoiſtre les mouuemens qui ne ſont point naturels, il faut auoir vne ſcience certaine de ceux qui ſe font ſelon la nature, & d'autant que toute choſe homonime ou douteuſe doit eſtre diſtinguée premier qu'approfondie il ſera bon de dire que par les mouuemens que nous appellons naturels nous n'entendons pas parler de ceux qui ſe rencontrent en vne bonne & parfaite ſanté par le commandement de la volonté, par la force de la faculté, l'aƈtiuité des eſprits & l'obeyſſance du muſcle, & qui ſe font par quatre moyens ordinaires, la contraƈtion, la dilatation, la tranſpoſition ou la tenſion : Car de ceux là nous ne

Gal. 1. *de motu muſ. cap.* 8.

pouuons pas tirer ny preuue ny coniecture qui ſer-
ue à noſtre recherche, mais nous parlons de ces mouuemens que les Medecins, meſme par diuerſes conſi-
derations diſent eſtre contre nature (comme cauſez
par l'intemperature des humeurs, le vice des parties
ou quelque mauuaiſe qualité,) & quand nous les appellons icy naturels c'eſt par ce qu'ils ſe font par vn
moyen de corruption ou d'intemperature ſans voye
extraordinaire & comme par comparaiſon de ceux
qui ſe font par vn moyen ſurnaturel & par la puiſſance du diable.

Or comme nous ne trouuons que quatre ſorte de
ces mouuemens deprauez ou tous ceux qui ſe font
au corps humain ſe peuuent & ſe doiuent rapporter
qui ſont la conuulſion, la palpitation la concuſſion,
& le tremblement, & que la cognoiſſance en appartient ſeulement aux Medecins, il eſt entierement neceſſaire qu'ils ſoient appellez pour voir les agitations & les differentes poſtures de ceux qu'on pre-
tend eſtre poſſedez & pour ſçauoir ſi en quelque façon on les doit referer aux effects de quelqu'vne de
ces maladies, ou autrement y remarquer & aſſigner
quelque notable difference, & ſi elle ſe trouue telle
qu'on n'en puiſſe accuſer aucune cauſe legitime, la
conſequence eſt euidente qu'on peut la rapporter à
quelque choſe de ſurnaturel & auec les diſtinctions
que nous en auons données à Dieu ou au diable.

Des signes pris des choses Sainctes.

Outre l'enuie & l'inimitié naturelle que le diable
à iurée à l'homme la cognoiſſance qu'il a de ſon
pouuoir & de la foibleſſe de ſon ennemy eſt cauſe de
le meſpriſer & de luy faire mille inſolences; iuſques
icy nous n'auons veu que de cette ſorte d'actions par
leſquelles il agit ainſi puiſſamment, mais inſolem-
ment & ſur l'eſprit & ſur le corps dont on peut tirer
cóiecture ou preuue de ſa preſence. Mais il ſe trouue
outre cela d'autres choſes par leſquelles il eſt obligé
de recognoiſtre comme eſclaue qu'il a vn Maiſtre
comme criminel qu'il a vn Iuge: & quoy que ſon deſſein ſoit touſiours de cacher ſon vſurpation, & que cela luy ſoit aſſez facile, ſon eſſence eſtant ſpirituelle
& ſa reſidence inuiſible, il eſt toutefois cõtraint
d'obeyr, de ceder à la force, & par vne honteuſe
fuite ſe retirant, ſe manifeſter & ſe donner à cognoiſtre par la repugnance qu'il a aux choſes qui le con-
trarient, & qu'il a en horreur, qui le font gemir,
crier, hurler; grincer les dents, enrager, blaſphemer
& faire toute ſorte d'actions de deſeſpoir & teſmoignages de ſouffrance : Partant comme ſans aucun droict quand à ſon regard & par entrepriſe, il
nous a ſaiſis & tourmentez il eſt de meſme par ſouue-
rain pouuoir, & ſemblable iuſtice obligé le plus ſouuent de quitter priſe, & de nous laiſſer en patience.
Et eſt à noter que la vertu & la puiſſance de choſes

ſaintes & ſacrées eſt de telle energie par leur preſence , par la prononciation, l'inuocation & l'applica-
tió qui en eſt faite ſur les poſſedez ou pluſtoſt ſur les
Demons qu'il n'y a pas auiourd'huy de plus certain
moyen pour les geſner , ny de plus certaine preuue
pour les cognoiſtre , & pour les conuaincre ; voicy
en quoy elles conſiſtent & quelles elles ſont.

La preſence reelle & actuelle du corps de Ieſus
Chriſt au S. Sacrement de l'Autel.

L'inuocation du S. Nom de Dieu, le Pere, le Fils
& le S. Eſprit.

La prononciation du nom de Ieſus auquel toute
creature eſt obligée d'obeyr.

Lire quelque texte des Euangiles & particulierement le premier chapitre de S. Iean, ſeiziéme de S.
Marc, le dix & l'onziéme de S. Luc, par cette lecture
pluſieurs poſſedez ont eſté deliurez.

Faire des prieres à la Vierge pour implorer ſon
aſſiſtance.

Faire commemoration de quelque grand Sainct
& luy addreſſer des Prieres.

Prononcer hautement & diſtinctement les paroles par leſquelles Ieſus Chriſt a donné pouuoir à ſes
Diſciples de commander aux diables.

Appliquer les Reliques des Saincts ſur la teſte,
ſur le cœur ou autres parties du poſſedé.

Ietter de l'Eau ou de l'huile beniſte ſur le malade
ou luy faire prendre du Sel benit.

Luy faire porter de la Cire beniste, que vulgairement on appelle des Agnus.

Auoir en main le Crucifix ou faire le signe de la
Croix & dire ce que l'Ange dit au grand Constan-
tin *in hoc signo vinces.*

De abdilis Porter des Images ou pourtraicts de Dieu, de la
rei ũ caufis Vierge, de S. Michel & d'autres saincts selon le rap-
cap.16. port mesme de Fernel.

Prononcer souuent certains versets pris du Vieil ou
du Nouueau Testament comme ceux qui suiuent:

Ex Cant. *Deum qui te genuit dereliquisti & oblitus es Domini*
Moyfis. *Creatoris tui.*

Pfal. 67. *Exurgat Deus & dissipentur inimici eius.*

Cant.B.V. *Disperfit superbos mente cordis sui, deposuit potentes de*
fede.

Pfal.67. *Dissipa gentes quæ bella volunt.*

Ibidem. *Fiat via illorum tenebræ & lubricum , & Angelus*
Domini persequens eos.

Pfal.30. *Erubescant impij & deducantur in infernum , muta*
fiant labia dolosa.

Pfal.21. *Salua me Domine ex ore Leonis.*

Pfal.10. *Pluet super peccatores laqueos, ignis Sulfur & Spiritus*
procellarum pars Calicis eorum.

L'experience fait voir par toutes ces choses & mille autres le pouuoir de Dieu, de l'Eglise & de ses serui-
teurs, & que le diable quoy que meschant, cauteleux
& puissant, n'est deuant luy qu'vne bien chetiue &
malheureuse creature.

CE QVE LES MEDECINS DE ROVEN,
ont recogneu & veu aux Religieuses de Louuiers.

APres auoir traicté cy deuant en general qu'il
y a des diables qui possedent les corps des hommes & donné les moyens pour recognoistre cette
possession par toutes les marques qu'on en peut auoir
il est temps de particularifer ce que nous sçauons de
celle des filles Religieuses de Louuiers, & de móstrer
auec quelle raison ou plustost quelle verité chacun
a esté obligé de la croire certaine, & d'autant que la
premiere partie de cette cognoissance appartient à
la Medecine pour assigner vne notable difference *Qui diui-*
des mouuemens , des violences & autres actions, *nitus mor-*
bi dela-
comme accidens du corps humain qui bien souuent *buntur na-*
au dire de Fernel se rencontrent presque semblables *turalibus*
quodain-
dans les maladies naturelles comme en celles qui *modo simi-*
viennent d'ailleurs, nous auons resolu d'escrire ce *les apparët*
Fern. lib.
que les Medecins de Roüen en ont remarqué en la *2. de ab-*
visite qu'ils y ont faite à la priere de Messieurs les *ditis.*
Commissaires Deputez par le Roy sur ce suiect.

Ils arriuerent à Louuiers le premier iour de Se-
ptembre à trois heures apres midy , & entrerent
aussi tost dans le Monastere de S. Louys ou les at-

tendoient Messieurs les Illustrissimes Archeuesque
de Thouloufe & l'Euefque d'Eureux, les sieurs de
Morangis & de Montchal Conseillers d'Estat, &
Maistres des Requestes, Messieurs Charton Docteur
de Sorbonne & Penitencier de Nostre Dame de Paris, Martineau Chanoine de ladite Eglise & Docteur en la mesme Faculté, de l'Angle Penitencier
d'Eureux & Docteur en Theologie, Billard Curé
de Vernon, deux Peres Iesuites le Reuerend Pere
Ragon Recteur de Roüen & le Pere Sigueran, deux
Capucins, le Reuerend pere Esprit du Boscrogen
Gardien du Conuent de Roüen, & le Pere Ignace
& beaucoup d'autres Ecclesiastiques & Seculiers
tous gens d'honneur, de probité & de suffisance.

On leur fist voir cinq Religieuses l'vne apres l'autre & à loisir, trois desquelles sembloient estre
hors de leurs accez & de toute sorte d'agitation, &
les autres non entierement libres & maistresses de
soy, ils considererent ces trois premieres separément
pour prendre vne plus exacte cognoissance de
leur constitution & de l'estat present de leur santé,
& trouuerent à toutes la façon & le geste modeste,
l'esprit tranquille, le discours bon & raisonnable, &
apres auoir veu leur visage, les yeux, la langue, l'ha-
bitude, touché le poulx & pris garde soigneusement
à tous les signes qui seruent à recognoistre la santé
& les maladies, & y mettre les differences necessai-
res firent dés lors vn iugement certain qu'ils ne re-
cognois-

cognoiſſoient en aucunes d'elles aucun ſigne d'indiſpoſition naturelle pour legere ou peu conſiderable
quelle peuſt eſtre : Mais cette bonace ne dura pas
long temps car bien toſt apres deux d'entr'elles com-
mencerent à changer de viſage tourner les yeux, ſou-
pirer, faire des grimaces, en ſuite dire des iniures, des
ſaletez, des blaſphemes, puis des airs & des chanſons, ſe ietter par terre, ſe battre la teſte auec telle
violence qu'elle euſt eſté capable de faire fente &
contrefente, tomber en conuulſion & y faire des
mouuemens, les vns d'vne ſorte, les autres d'vne
autre, & tous eſtranges & peu ordinaires elles furent
chacune d'elles vn grand quart d'heure en toutes ces
agitations, ou les vnes ſembloient aſſez eſmeuës en
l'attouchement de leur poulx les autres peu, & toutes
moins quelles ne deuoient eſtre raiſonnablement
apres de ſi grands efforts, & ſi toſt que par la force
des exorciſmes, des Prieres des Reliques des Sainɔts
& des autres remedes ſpirituels (dont ces Meſſieurs
ſe ſeruirent en cette occurrence) elles furent deli-
urées de cette vexation, elles parurent gayes, ſaines,
vigoureuſes ſans reſſentiment de laſſitude, ſans perte
d'appetit, ſans faire paroiſtre aucune marque de foibleſſe ou d'alteration, ce que les medecins obſeruie-
rent auec admiration.

Pendant le temps comme la troiſiéme qui eſtoit
ſœur Louyſe de Pinteruille poſſedée par Arphaxat,
parloit encor raiſonnablement & auec toute mode-

G

ftie aux Medecins prefence de Monfieur d'Eureux,
ledit fieur Euefque luy ayant fait le figne de la
Croix en derriere, fur l'efpaule droite fans quelle
peuft ny le voir ny s'en apperceuoir, elle commença
à roüiller les yeux deuenir furieufe dire quantité
d'execrations & faire les mefmes ou peu diffembla-
bles actions qu'auoient fait les autres, ce qui fut
foigneufement remarqué.

Pour les deux autres qui eftoient prefque toufiours trauaillez du mauuais efprit quoy qu'inegale-
ment & par viciffitudes differentes, & qui pour lors
eftoient encore en quelque forte agitées parlans fans
ceffe, & par extrauagance, d'abord quelles entrerent
dans le reffectoire ou eftoient les Medecins quelles
n'auoient iamais veus ny cognus, l'vne d'elles commença à leur dire, te voila l'Emperiere & toy Mai-
gnart, vous eftes d'habiles gens ma foy de venir pour
guarir les diables, vous y gagnerez beaucoup, vous
n'eftes pas affèz fçauans pour cela, nargue pour vous
& pour voftre medecine. Eux fans s'eftonner de cette boutade l'enuifagerent tres foigneufement (c'e-
ftoit fœur Barbe de S. Michel poffedée par Anfitif,
fille puiffante ramaffée bien colorée de bonne ha-
bitude, groffe & graffe) & recognurent par tous les
fignes qu'il y peurent remarquer, qu'il n'y auoit en
elle aucune apparence de maladie ordinaire, con-
fideré mefme qu'eftant trauaillée depuis vn long
temps & prefque fans interualle, il ne feroit pas pof-

ſible qu'on ne luy veiſt quelque accident de iauniſſe
de paſleur d'extenuation de foibleſſe & d'autres ſemblables effects d'vn mal violent comme le ſien , car
au meſme inſtant ou peu apres elle tomba dans des
conuulſions violentes, & peu communes , portant
tout le corps eſleué en voûte & en arcade ſur le derriere de la teſte,& ſur l'extremité des talons , les bras
tendus en l'air & les extrémitez des doigts , des
mains & des pieds recourbées les vnes en dedans
comme vn crampon , & les autres en derriere contre
la nature de cette articulation. Et ce qui ſembla de
plus admirable , ce fut qu'en cette poſture elle ne
laiſſa pas de ſe rouller ſur le plancher , parler , crier,
iettant en outre par les parties inferieures toute ſorte d'excremens tant inutils que neceſſaires , & quelque temps apres comme ces efforts furent moderez
& relachez , elle ſe releua en vn moment , & parut
comme deuant ſaine & gaillarde , mais pourtant
touſiours , l'eſprit vn peu en eſcharpe.

La derniere qui eſtoit ſœur Marie du S. Eſprit
pretenduë poſſedée par Dagon, gráde fille & de belle
taille vn peu plus maigre , mais ſans mauuais teint
ny aucune ſorte de maladie entra dans le meſme reffectoire deuant ces Meſſieurs le viſage droict ſans
arreſter ſes yeux , & les tournans d'vn coſté & d'autre, chantant , ſautant , dançant & frappant douce-
ment, qui l'vn qui l'autre, & en ſuite en ſe pourme-
nant touſiours, parla en termes tres elegants & ſigni-

ficatifs du contentement qu'il auoit (parlant en la
perſonne du diable) de ſa condition & de l'excellence de ſa nature qu'il eſtoit Ange d'vne Hierar-
chie tres eſleuée, qu'il eſtoit Prince, qu'il comman-
doit & diſpoſoit de la plus grande partie du monde,
que ſes cognoiſſances eſtoient grandes, ſublimes &
profondes, & ſur tout qu'il auoit l'honneur & la gloire de faire la guerre à Dieu & qu'il la luy feroit iuſques à l'eternité , & diſoit tout cela en marchant
auec vne contenance arrogante, & le geſte ſemblable, en ſuite il commença à entrer en furie & profe-
rer quantité de blaſphemes, puis ſe prit à parler de
ſa petite Magdelaine, ſa bonne amie, ſa mignonne, &
ſa premiere Maiſtreſſe , & de là ſe lança dans vn
panneau de vitre la teſte la premiere ſans ſauter &
faire aucun effort, & y paſſa tout le corps ſe tenant
à vne barre de fer qui faiſoit le milieu, & comme elle
voulut repaſſer de l'autre coſté de la vitre on luy fiſt
commandement en langage Latin, *vt in nomine Ieſu
rediret non per aliā ſed per eandem viam,* ce qu'apres auoir
longuement conteſté & dit quelle n'y rentreroit pas,
elle le fiſt pourtant & rentra par le meſme paſſage,
& auſſi toſt quelle fut reuenuë les Medecins l'ayant
conſiderée, touché le poulx & fait tirer la langue,
ce quelle permit en raillant, & parlant d'autre choſe,
ils ne luy trouuerent ny eſmotion telle qu'ils auoient
creu deuoir eſtre, ny autre diſpoſition conforme à
la violence de tout ce qu'elle auoit fait & dit, & ſor-

tit de cette sorte contant tousiours quelque bagatel-
le & la compagnie se separa.

Le lendemain six heures de matin chacun se ras-
sembla pour faire confesser & Communier non seulement les cinq filles dont il a esté parlé, mais douze
ou traize autres toutes pretenduës obsedées ou possedées du mauuais esprit ; là il est certain que dans la
Chapelle on veit d'estranges choses, car ce ne furent
qu'horribles & execrables blasphemes contre Dieu,
& contre la Vierge, & particulierement contre le
S. Sacrement ; que chansons lasciues, mouuemens
estranges de toute sorte de nature, conuulsions, con-
cussions, battemens des pieds & des mains, cris,
hurlemens, exclamations, ris demesurez : Bref, vn
tintamarre & vne telle confusion qu'on ne peut
pas s'en imaginer de plus grande, chacune d'elles
iouant son personnage & vn roolle particulier sans
cognoissance & sans respect dans ce sainct lieu ou
parmy tout & tel desordre, on ne laissa pas de dire
la Messe continuellement iusques à midy.

Ce qui se passa de plus remarquable & qui fut
obserué par les Medecins, fut que ladite sœur Barbe de S. Michel dont nous auons desia parlé se battit la teste l'espace d'vn quart d'heure entre deux
chaires du chœur auec telle force & telle violence
que probablement on eust creu qu'elle l'eust eu toute cassée, mais il se trouua puis apres qu'elle ne s'e-
stoit fait aucun mal.

Sœur Marie du S. Esprit fist aussi quantité de choses extrauagantes pour esuiter la Confession, & de la mesme sorte quelle auoit fait au reffectoire le iour precedent, elle prit sans s'efforcer ny sauter comme d'elle mesme, & par vne agilité extréme, la barre de fer de la vitre du chœur, esleuée de quatre pieds au moins au dessus d'elle, & passa dans le Iardin par le panneau de ladite vitre, puis s'y relança deux ou trois fois, & rentra en fin par la porte de la Chapelle. Toutes les deux eurent de grandes repugnances, & ce ne fut pas sans contrainte quelles furent obligées à se confesser, & d'auantage à Communier allans & venans sans arrest & crachans au nez du Prestre, disans en outre mille blasphemes, imprecations, iniures, faisans la mine, & se voulans à tout moment ietter sur la saincte Hostie.

Et ce que nous disons de ces deux cy nous le pouuons attester semblable & veritable de toutes les autres qui firent des peines extrémes à tous les Prestres, pour receuoir l'vn & l'autre de ces Sacremens, toute l'assistance ne remarquant en elles aucunes differences, que du plus ou du moins en toutes ces deprauations & actions desreglées.

Mais cecy donna beaucoup d'estonnement aux Medecins, que lors qu'on leur donne la saincte Communion, & que par le Commandement de Dieu fait par la bouche du Prestre, apres mille refus & mille grimaces, elles sont forcées de receuoir la

ſainĉte Hoſtie , elles tirent la langue hors de la
bouche de trois ou quatre doigts , la tiennent ſur
l'extremité d'icelle , la ballotent haut & bas iuſques
au nez & au menton , l'eſpace bien ſouuent d'vne
demie heure ou plus, ſans qu'elle s'humecte ou s'alte-
re en aucune façon , & en cette poſture la langue
ainſi tirée, parlent diſtinctement, reſiſtent aux Com-
mandemens qui leur ſont faits de la prendre & en
ſuite , crient , hurlent, ſe renuerſent par terre , les
pieds & les mains en l'air , mouuans le reſte du
corps, ſe roullant, ſe debattans , tant quelle ſoit
rentrée & entierement conſommée , en cela ſe manifeſte l'horreur qu'ont les diables de la preſence
reelle de Dieu en ce tres ſainct & Auguſte Sacrement.

Comme on acheuoit de Communier ces filles,
vne choſe arriua bien digne d'eſtre remarquée entre
les diables qui poſſedent deux de ces Religieuſes,
Anſitif & Putifar, Monſieur d'Eureux en langage
Latin & non vulgaire , fit Commandement au
nom de Dieu & pour ſa gloire à Putifar de paſſer
auec Anſitif , comme il auoit fait vne autrefois, &
faire voir les meſmes accidens qui s'y eſtoient ren-
contrez (c'eſtoit afin comme ie croy que les Medecins peuſſent donner iugement de cette tranſmigra-
tion) lors Putifar ſe mit en poſture de morgue &
d'arrogance , & dit hautement on me commande
Anſitif de t'aller voir mais ie n'en feray rien, viens

chez moy si tu veux, ie te logeray bien car i'en ay
le moyen : Comme elle parloit de cette sorte, le
diable la quitte, passe dans le corps de l'autre, &
aussi tost quelle en fut deliurée, on la veit à genoux
les mains iointes, l'esprit tranquille & raisonnable
qui prioit Dieu, & luy rendoit graces de sa deli-
urance auec cette resolution, que sa volonté fust faite en elle, comme en toute autre chose, & comme
vn des Medecins luy eust demandé si elle auoit
quelque souuenance de ce quelle auoit fait ou dit,
elle luy repartit que non, ou de si peu de chose que
cela n'estoit pas considerable.

Cependant celle qui auoit deux diables en son
corps tomba toute roide sur le plancher, les bras &
les pieds estendus, les extrémitez des vns & des autres retirez, rentrez & recourbez en dedans, sans
cognoissance & sans sentiment, le poulx fort &
puissant, la face colorée, les yeux fermez, & les
Medecins disoient que c'estoit vne esgale conuul-
sion & distention de toutes les parties du corps,
qu'ils appelloient *tetanus* ou toutes les fibres des
muscles & leurs *apaneuuroses* ou infections de nerfs
sont également retirées & tenduës & partant immobiles : Mais outre cela on y remarquoit vne telle pesanteur que deux hommes à chacun pied & à
chacun bras ne les purent iamais leuer de terre plus
haut que l'espesseur d'vne fueille de papier, & le
Sieur de Mombas grand Maistre des Eaux & Forests
                                        de France

de France homme fort, autant qu'aucun autre, ne
peut iamais de toute ſa force, luy leuer la teſte en
quelque ſorte que ce fuſt, quoy qu'aidé en cette
action, par vn des Medecins aſſiſtans.

Comme elle euſt eſté en cet eſtat, vn grand quart
d'heure, & qu'on euſt fait commandement au diable
de ſortir, qui ne s'en haſtoit pas beaucoup, on apporta le S. Sacrement enfermé dans vne boëte d'argent,
qu'on poſa deſſus ſa poictrine, en vertu duquel le
commandement ayant eſté reiteré, celle qui eſtoit
ainſi giſante, immobile & peſante, & l'autre qui
prioit Dieu auec affection humilité & grand zele,
toutes deux enſemble, & en meſme temps ſe roulle-
rent deux ou trois fois d'vne viteſſe, qui ne ſe peut
conceuoir, & comme vn eſclair hurlans & crians
eſpouuentablement, ſe releuerent & dirent à Monſieur d'Eureux mille iniures, & pas moins aux autres
Preſtres, & entr'autres menaces que fit Putifar il
proteſta que ſi iamais on luy faiſoit vn ſemblable
commandement, & qu'il fuſt contrainct d'y obeyr
il le feroit, mais qu'il enuoyeroit d'où il ſeroit par-
ty vne legion entiere de diables.

Cét accident fut ſuiuy d'vn autre qui fut encor
bien memorable, le R. P. Ragon fiſt commandement à vne de ces filles en langage Grec, d'aller
querir & luy mettre en ſa main vne fueille de vi-
gne, d'abord elle luy parla auec aſſez de raiſon,
& ſans aucune apparence d'agitation ou d'altera-

tion d’efprit mais de bon fens, quelle n’entendoit
point fon Grec, qu’elle eſtoit vne pauure fille igno-
rante & qui ne ſçauoit rien du tout, que s’il luy plai-
foit demander quelque chofe, que ce fuſt en langage
quelle peuſt entendre & quelle luy fatisfairoit ſi cela eſtoit en fon pouuoir; comme nonobſtant fa ref-
ponce, il euſt reiteré le mefme commandement, &
que par exorcifmes,& en vertu du pouuoir de l’E-
glife, on la preſſaſt d’en faire le contenu , lors elle
entre en rage & en furie, & fe battit la teſte,& toutes
les extrémitez auec grand effort & grand bruict,
frappant des pieds & des mains contre le plancher
auec toute forte de poſtures & teſmoignages d’vne
grande confufion interieure, & d’vne puiſſance mo-
trice extrémement valide & agiſſante , puis dans
le premier interualle quelle eut comme on recom-
mença à luy dire quelle euſt à faire ce qu’on luy
auoit dit,ou bien declarer ce que c’eſtoit, elle chan-
gea de difcours, & commença à parler en la perfonne du diable: Tu eus hier le pouuoir de me faire faire
ce que tu voulus auec ton Grec, mais auiourd’huy
ie t’aſſeure qu’il n’en fera pas de mefme,& quoy que
tu faſſes ie n’en feray rien & i’en ſerois puny, tu me
demandes cela pour ſçauoir ſi ie fuis vn diable,& tu
ne vois pas que i’en ay donné mille autres preuues,
& que ie n’ay pas deſſein d’en donner plus auant,
defirant auec raifon qu’on en ait encore quelque
doute , car ſi cette chienne de fille que ie veille

& que ie tourmente il y a si long temps & sur
laquelle ie n'ay pû encore rien gagner, estoit asseu-
rée que ie fusse vn diable ie n'aurois qu'à ployer
bagage, pour l'horreur & la crainte qu'elle en auroit, & ne pourrois iamais y esperer aucune chose,
mais tant quelle en sera incertaine, ie ne perdray ny
le courage, ny l'esperance que i'ay quelle sera en fin
ce que ie souhaitteray d'elle : Mais pour te mon-
strer que tu es ignorant & que ie suis aussi fin que
toy, ie te dis qu'il m'est aussi facile de faire ce que tu
me commandes, que de te dire ce que c'est, n'y
ayant rien en cela que i'aye à contrecœur, & qui me
fasse peine, & si ie t'auois dit ce que c'est, tu serois
aussi satisfait comme si ie l'auois fait, & tu pourrois
tirer de l'vn comme de l'autre vne esgale preuue &
vne semblable cognoissance de ce que ie suis, ainsi
ie serois bien esloigné de ce que ie pretens, & tu
aurois entierement l'effect & la fin de ta curiosité
& de ta recherche ; Partant ne l'espere pas, on fut
contrainct de la quitter sans autre satisfaction, car
il estoit plus de midy ; & comme la compagnie se
separa, elle cria tout hautement, & dit à ceux qui sor-
toient les derniers, dites à ce bon pere que premier
qu'il soit trois semaines nous mangerons du fruict
de cette fueille.

Auant que finir cette histoire, ie n'obmettray
pas, que pendant que cette fille estoit le plus agitée,
& quelle se tourmentoit auec excez, vn des Mede-

cins luy dit à la trauerfe *Quiefcat Spiritus nec ita com-*
moueatur ne inferat damnum ancillæ Dei, lors en fe re-
tournant vers luy, & le regardant de trauers elle
dit tu as bien du foucy, fi ie luy fais mal, quelle s'en
pleigne, fi elle meurt on l'enterrera, en tout cas ce
ne fera pas grande perte, ny dequoy fe mettre tant
en peine.

Apres midy les Medecins furent à la Concier-
gerie faire la vifite de Magdelaine pretenduë forcie-
re ou Magicienne, prefence de Meffieurs les Maiftres
des Requeftes & luy trouuerent quatre cicatrices
d'autant de coups de coufteau quelle leur dit auoir
receus du diable dans la prifon d'Eureux, trois def-
quelles fçauoir vne à la gorge & deux au bras droit
n'eftoient pas plus confiderables que l'ouuerture
d'vne faignée faite auec grande leuée. Mais la quatriéme qui eftoit au bas ventre excedoit la moitié de
la longueur d'vn grand doigt, toute rouge encore &
nouuellement refermée, le diable à ce quelle difoit
ayant laiffé le coufteau quatre heures dedans, fans
luy permettre de l'ofter. Ils vifiterent pareillement
fon fein, ou elle auoit porté l'efpace de quinze à faize
ans vn vlcere chancreux, calleux, profond, fordide &
puant, qui auoit efté veu & traicté de plufieurs Medecins & Chirurgiens de diuers lieux fans guerifon,
& qui auoit efté entierement & parfaitement guery
& refermé en vne nuict par la feule application d'v-
ne emplaftre de Diapalma que luy auroit donné la

Geolliere d'Eureux , ſi toſt quelle fut arriuée en la
priſon , partant il n'y trouuerent qu'vn petit trou,
tel que ſi on auoit enfoncé la teſte d'vne groſſe eſ-
pingle dans vne chair molle & naturelle, au reſte ſans
playe , ſans cicatrice & ſans aucune dureté, ny dedans ny dehors ayant tout le ſein, entier, blanc, ferme & poly , & la papille petite ronde & vermeille,
comme d'vne fille de quinze ans ſans apparence
quelle y ait iamais eu mal, dont ils donnerent leur
rapport.

En ſuite de cette action ils retournerent au Mo-
naſtere auec toute la compagnie , ou Monſieur d'E-
ureux commença l'exorciſme ſur ſœur Marie , du
S. Sacrement poſſedée par Putifar , qui ne s'en eſ-
meut pas beaucoup du commencement, mais comme peu apres on luy euſt fait commandement en
termes Latins , de dire *adoro te ſancta Virgo Maria,*
auec ces côditions *genibus flexis, manibus iunctis, vultu
verſus ſolum demiſſo, & lambens humum,* & que pour
ce ſubiet on fiſt de continuelles prieres, comme on
fut au verſet du Cantique de la Vierge, *Diſperſit ſu-
perbos mente cordis ſui, depoſuit potentes de ſede,* elle commença à roüiller les yeux, changer de viſage, faire
la mine, tirer la langue, puis tout à coup tomber à
terre auec des contorſions & des conuulſions, telles
& plus grandes que celles dont nous auons parlé,
puis apres elle fiſt toutes ſortes de grimaces & de
poſtures differentes, ſans retenuë, & ſans reſpect,

raillant quelque fois entre temps: Mais le plus fouuent parlant en colere & entre les dents , puis tout
à coup le diable se mist sur le serieux , & parla en
bons termes, du peu de comparaison qu’il y auoit
entre luy & Mariette , qu’il estoit Ange, qu’il estoit
Grand , de plus Noble , & de plus excellente condition que tous les hommes , à meilleure raison
qu’vne simple famelette , que n’ayant peu s’humi-
lier deuant Dieu, qu’il ne le feroit pas deuant elle,
que les trauerses quelle luy donnoit l’empeschoient
bien de luy rendre honneur , qu’il luy cracheroit
volontiers au nez, & à Dieu aussi de bon cœur , &
feroit pire encore s’il estoit en son pouuoir ; Ce discours acheué on continua les Prieres , & apres qu’on
eust mis sur la teste de la fille du bois de la vraye
Croix, & des Reliques des Saincts,& quelle se veist
contrainte d’obeir à ce qu’on luy auoit commandé,
elle se iette sur le dos & dit en riant & comme par
mespris , hé bien *adoro te sancta Virgo Maria* , Monsieur d’Eureux luy repliqua tousiours en langage
Latin & non vulgaire, que ce n’estoit pas de cette
sorte, qu’il falloit faire son Commandement , mais
auec toutes les conditions requises qui furent repe-
tées, *genibus flexis, manibus iunctis, &c.* Lors elle fist encore des cris & des mouuemens , disant i’enrage,
i’enrage, ie n’en feray rien, ne pouuant pas toutes-
fois resister d’auantage , elle se mist à genoux, ioi-
gnit les mains , baisa le tapis auec vne profonde

humilité , & les yeux tournez vers la terre ; pro-
nonça hautement, *adoro te sancta Virgo Maria,* on luy
dit *bis pari modo* (car on ne luy parloit point Fran-
çois) elle en fist quelque refus: mais bien tost apres
elle redit les mesmes choses, & comme elle baisoit
le tapis pour la terre, quelqu'vn luy dit à la trauerse
humum nudum , elle releua le tapis & baisa la terre;
on insista *adhuc semel idque Gallicè,* lors elle rentra en
nouuelle furie se plaignant qu'on ne se contentoit
point de sa seruitude, & fist encore mille sottises &
dit beaucoup de blasphemes & de discours: Ie n'entens point disoit-elle ton *Gallicè,* tu me mets au de-
sespoir, dy moy ce que c'est? quelqu'vn luy dit *lin-
gua vernacula ,* en fin elle se mist en mesme &
semblable estat que deuât, & dit: Ie vous adore saincte Vierge Marie.

Dans les agitations de cette fille , le diable demanda à boire, disant que les organes de cette
chienne sont tous desseichez & ie ne m'en puis plus
seruir si on ne les humecte , son poulmon est bien
eschauffé , on luy donna quelque peu d'eau dans vn
godet de terre, quelle beut, & n'en estant pas satisfait elle en voulut d'auantage, le Pere Ignace en
alla querir dans la sacristie,& fist le signe de la Croix
dessus dans le mesme lieu, puis la luy apporta dans
la Chappelle, elle le prit, & comme elle l'eust mise
sur ses léures elle ietta l'eau & le godet contre la
muraille,& dit le diable t'emporte chien tu as fait

la Croix deſſus , ie meurs de ſoif , mais ſi tu veux
que ie boiue donne m'en d'autre, on alla querir auſſi
toſt d'autre eau, quelle beut, apres l'auoir fleurée , &
recognu qu'on n'y auoit rien fait.

Toutes ces choſes & beaucoup d'autres furent
tres exactement & iudicieuſement conſiderées par
les Medecins, qui apres en auoir dit telles raiſons
qu'ils iugerent à propos à Meſſieurs les Commiſ-
ſaires, & donné les differences de leurs cauſes ſur
chacune en particulier. Selon l'occurrence de leur
euenement, en firent rapport, dont la concluſion
fut telle, que les cinq filles Religieuſes eſtoient veritablement poſſedées du mauuais eſprit , & que
les actions quelles faiſoient ne pouuoient eſtre rap-
portées à aucune cauſe naturelle , ny procedantes
d'aucune maladie, telle quelle fuſt ny ſimulées par
aucun artifice. Que ſi quelqu'vn demande pourquoy ils n'ont fait mention que de cinq , veu qu'il
eſt tres conſtant qu'il y en a beaucoup d'auantage,
à cela on reſpond que le different , & la queſtion
eſtant pluſtoſt du fait & de la verité de la choſe
que du nombre, ils n'ont parlé que des cinq premieres qu'ils auoient veuës, dont les diables eſtoient
cogneus par leurs noms , & qui auoient eſté deſia
exorciſez & dont ils auoient fait vne recherche &
vne inquiſition tres exacte & tres particuliere , &
cela n'empeſcha pas qu'ils ne fiſſent verbalement
vn pareil & ſemblable iugement de toutes les autres,

tres, & du moins de la plus grande partie de celles qui selon le plus ou le moins estoient desia trauaillez des Demons.

Raison de l'Opinion des Medecins de Roüen, pour la possession.

PVis que les sentimens des hommes ne sont en rien considerables, qu'entant qu'ils sont conformes à la verité & à la raison, & que la mesme raison qui fait le propre de l'homme, est la mesme regle & l'vnique moyen dont il se sert pour la cognoissance & pour la difference de toutes choses, il *Vanescit* est iuste que chacun cognoisse sur quel fondement *Medicus sine ratio-* raisonnable les Medecins ont appuyé leur iuge-*ne.* ment, n'y ayant au rapport d'vn grand Autheur aucune sorte de gens plus obligez à rendre conte de ce qu'ils disent & de ce qu'ils font que ceux qui en tirent vne science, & vne consequence necessaire des effects de la nature.

Vn grand & celebre Medecin de nostre temps *Marescot.* appellé pour visiter Marthe Brossier, pretenduë possedée, apres auoir diligemment consideré toutes les actions, les accidens de l'esprit & du corps, & tout ce qui est necessaire pour en parler & en faire vn

Multa fi-
cta, pauca
à morbo,
nulla à
Dæmone.

iugement parfait fit son rapport en peu de mots, qu'il y auoit beaucoup de feinte, peu de mal, & rien du diable.

De cette resolution importante, & qui n'est en rien deffectueuse, chacun peut inferer que le pour ou le contre de l'affaire de Louuiers, consiste seulement en trois poincts, qu'il faut sçauoir: Si c'est imposture ou quelque chose de simulé; Si c'est maladie ou quelque accident qui en procede: Si c'est la residence & le pouuoir du diable, qui soient cause de tant de deprauations, & de desreglemens en toutes les actions de ces filles Religieuses, car de croire qu'il y ait rien de Dieu parmy tant de blasphemes, d'execrations, d'impieté & de paroles dissoluës cela repugne.

Que ce n'est point Artifice.

Qv'il y ait en cecy de l'imposture, il n'y a pas seulement apparence de le coniecturer, bien moins d'y trouuer de la certitude & de la raison: Car comme ainsi soit qu'il n'y ait rien en la nature qui agisse sans quelque fin, & qu'entre les causes naturelles la finale fait mouuoir toutes les autres, quel dessein ou quel pretexte peut-on s'imaginer qui puisse porter ces filles à ce desordre? sera-ce le desir d'auoir de l'argent, du bien, des possessions, de la gloire & de la reputation parmy le mon-

χρυσὸν γὰρ
κỳ κτήσεις
κỳ τὸ παρ'
ανθρώποις
δοξάριον.
Psellus.
in dial.

dé ? Cette misere peut-elle esleuer leur condition?
la ruine de cette maison leur fortune ? tant de trauaux peuuent-ils faire quelque chose pour leur santé ? les croira-on plus sainctes & plus Religieuses
pour estre possedées ? Si la possession est le plus souuent la punition du peché , seroit-ce point peut estre
le desir de sortir de la Religion , & le regret de se
voir Claustrées & retenuës ? rien moins ; puis que
trois d'entre elles , mesme des plus ieunes ont obte-
nu cette licence , & que leurs parens les en ont soli-
citées , mais en vain: comme celles qui par leur ge-
nereuse resolution , se disposent de souffrir toutes
choses pour Dieu.   Oseroit-on faire comparaison
de ces filles , ie dis de ces ames sainctes & deuotes ,
auec toutes les fourbes & les lubriques , dont quelques histoires sont pleines , & dont l'autheur de *l'E-*
xamen a fait mention , pourroit-on y songer seulement ? le moindre rapport qui oblige à en faire
vn mesme iugement? Mais qui les auroit enseignées
& comment l'auroient-elles peu permettre , & comment auroit-il esté possible sans qu'aucun s'en fust
apperceu ? Pourquoy ne se contenteroit-on pas
d'vne, ou de deux , puis qu'il est tres difficile de tenir caché ce qui se communique à tant de personnes ? Pourquoy choisiroit-on plustost les ieunes que
les vieilles , veu qu'au contraire celles-cy auroient
plus de prudence en leur conduite & les autres moins
de secret , pour en cacher la fourbe & le mystere?

Frustra
silentium
& fides in
multorum
consciorū
animis
speratur.
Tacit.
Ann. 16.

Toutes les chofes font tellement hors de raifon, &
d’apparence de verité, que le mefme autheur de l’*Examen*, touché de fa confcience, ne les en ofe pas accufer, & quoy qu’il face fon pouuoir d’en faire naiftre
quelque doute, il s’y trouue pourtant fi mal fondé
qu’il eft contraint de le referer à leur ignorance, &
à l’erreur de l’imagination, que puis apres il appelle
folie, mais il en fera parlé cy apres.

Que ce n’eft point Maladie.

IL eft des maladies comme de la mer, & des Medecins, comme des Pilotes, & comme ceux-cy
par vne longue obferuation des Aftres, des Vents
& des lieux, preuoyent le mauuais temps auant
qu’il leur arriue, auffi ceux là par vne longue experience, & par des fignes raifonnables cognoiffent
bien fouuent les grandes maladies long temps premier que l’euenement en paroiffe. Mais cette forte de fcience n’eft pas telle, n’y fi certaine, que celle
qu’on peut auoir des iugemens qu’ils font de ce qui
eft prefent, de ce qu’ils voyent, de ce qu’ils touchent,
& dont en outre par vne naifue & veritable relation
qu’on leur en fait, ils peuuent acquerir vne entiere &
parfaite cognoiffance, car c’eft fur cela comme fur
vn fondement de verité ou chacun doit auoir creance, & d’autant plus grande, quelle part de perfon-
nes d’experience, & qui ne font pas nouices en leur

profeſſion que nous vous diſons qu'auſſi toſt qu'ils
furent arriuez à Louuiers on leur preſenta les cinq
filles dont a eſté parlé : Et que leur plus grand ſoin
parut à les conſiderer, toutes en particulier ou n'a-
yant rien obmis de toutes les choſes neceſſaires, &
n'y trouuant aucun ſigne d'indiſpoſition pour petite ou legere quelle fuſt auec toutes les marques &
les teſmoignages d'vne bonne & loüable conſtitution dirent tout hautement, qu'il n'y auoit aucune
raiſon de croire que toutes leurs actions fuſſent effects d'aucune maladie ? en cela (ſouffrez cette diſ-
greſſion) il faut admirer la bonté de Dieu, & croire
qu'il n'a pas delaiſſé ces pauures Religieuſes , mais
qu'il les aſſiſte de nouuelles graces tous les iours,
puis qu'il eſt manifeſte, que parmy leur trauaux & la
plus grande de toutes les afflictions du monde, il n'a
pas permis que le diable ait ruiné leur ſanté ny qu'elle paroiſſe en aucune ſorte notablement diminuée.
Et en effect, puis qu'on en peut prendre les aſſeuran-
ces par la validité de toutes leurs actions, par l'ab-
ſence de toute ſorte de douleur , par la regle & la
ſymmetrie des humeurs, & des excretions, par les
accidens ſimples, & particuliers, & quelles ont tous
le viſage bon , le teint frais, l'œil blanc & net , la
langue, ſans confuſion, le poulx plein, fort & vi-
goureux, l'appetit bon , le dormir paſſable, l'ha-
bitude peu ou point diminuée, & ſur tout qu'elles
ne ſe pleignent d'aucune incommodité , peut-on

dire legitimement qu'elles soient malades ? Tous
ces signes sont si pressans qu'ayans esté recogneus
par le Medecin de Paris au rapport de l'Autheur de
l'Examen qui se qualifie son amy & auec raison,
car c'est luy mesme, il a esté contraind d'aduoüer
que *toutes ces filles estoient bien habituées & reglées dans*
toutes leur fonctions naturelles, de sorte qu'il ne pouuoit
soupçonner aucune indisposition en elles ; ce sont ses termes.

Que ce n'est point Folie, Melancolie, ny Manie.

EXaminons donc cecy de plus pres ; puis qu'il
demeure d'accord qu'il n'y a point de fourberie,
ny apparence de maladie pourquoy dit-il en suite
qu'il rapporte tout ce quelles font à l'erreur de l'i-
magination, & plus bas à l'ignorance, & à la folie?
car outre la contrarieté de ces deux affections dont
l'vne consiste en la deprauation, l'autre au deffaut,
l'vne dans l'excez, l'autre dans la diminution de l'a-
ction, des facultez princesses, & qui pour cela ne
peuuent produire de semblables effects en vn mesme suiect, ie voudrois bien que quelqu'vn me dist,
si l'ignorance peut faire des conuulsions, des grimaces, des enfles de la gorge, des contorsions, des yeux
tournez, des violences nompareilles? Mais encore
plus à propos si elle leur fait faire des discours de
Theologie, de Philosophie, tirer des consequen-

ces neceſſaires, parler elegamment deſcouurir les
malefices, deceler les choſes cachées, entendre le
Grec & le Latin comme il a eſté remarqué plus de
mille fois, ſi cela ſe prend pour des effects d'ignorance, il faut au meſme temps aduoüer qu'eſtre ſçauant chez luy & eſtre ignorant, n'eſt qu'vne ſeule &
ſemblable choſe.

Pour la folie, ce ne peut pas eſtre celle que les
Medecins appellent vraye ou fauſſe freneſie, car
l'vne ou l'autre ſont inſeparables de la fiéure, &
iamais on a veu aucune de ces filles febricitante:
Nous ne pouuons donc la rapporter qu'à la Melancholie ou à la Manie, ou aux differentes eſpeces
qui en prouiennent, Car il eſt vray que l'vn &
l'autre humeur, i'entens le Melancholique & l'a-
tribilaire qui font ces deux ſortes de maux, comme
ils ſont ſuſceptibles de beaucoup de diuerſes formes, & de toutes ſortes de qualitez cogneuës &
incogneuës, & pour ce ſubiet appellez des anciens,
πολύτροποι καὶ πολύμορφοι auſſi ſont-ils capables de porter
des idées differentes & des eſpeces diſſemblables à
l'imagination & à l'entendement qui les alterent,
les deprauent, & font naiſtre vne infinité de diuerſes affections, d'opinions erronées, fauſſes & per-
uerſes imaginations, à qui les Medecins donnent
chacun vn nom particulier de *Miſantropie*, de *Lycan-*
tropie, de *Cynanthropie*, & autres ſemblables.

Mais ie ne vois aucun rapport du moindre de

ces accidens auec ceux des filles de Louuiers. Car
puis que toute maladie eſt l'effeċt de ſa cauſe , &
qu'elle a ſes ſymptomes & ſes ſignes qui auſſi neceſſairement l'accompagnent, comme l'ombre fait
le corps , & qu'on ne peut tomber dans ces eſpeces differentes de maladies, que par degrez d'obſtru-
ċtion, d'intemperature, de chaleur, d'aduſtion, d'in-
cineration, dequoy a-on entendu plaindre ces filles
au commencement de tout ce malheur & deuant?
quelle partie à paru bleſſée? quelle aċtion inter-
rompuë? quelle excretion naturelle retenuë? & ou
en ſont les ſignes & les marques certaines, la tri-
ſteſſe, la crainte, la ſolitude recherchée , la langue
confuſe, l'œil eſgaré, le blanc tout noir, le teint li-
uide, l'oppreſſion, la courte haleine, les vomiſſemens,
palpitations, rapports aigres , deprauation de co-
ċtion , perpetuelle ſaliuation & autres ſemblables;
que s'il ne paroiſt aucun de tous ces ſignes, & qu'elles
ſoient bien habituées comme il a eſté dit en toutes
ces choſes naturelles. Pourquoy en accuſer ces maladies qui ne peuuent eſtre ſans cela? que ſi l'on dit
que comme apres vn accez de fiéure tierce ou quar-
te, le malade ne laiſſe pas de ſembler parfaitement
guery, que ces filles de meſme apres leurs agitations paroiſſent entierement ſaines, quoy que le mal
ne laiſſe pas d'eſtre caché, à cela il eſt aiſé de reſpondre que bien que ces maux ſoient periodiques &
qu'il y ait deux temps vn de tempeſte & l'autre de
tranquilité

tranquilité, l'vn d'agitation & l'autre de relaſche que
le mal ne laiſſe pas pourtant dans ſa plus grande re-
miſe de produire ce qu'il a eſté, ce qu'il eſt & ce qu'il
doit eſtre, & de faire paroiſtre ſa violence quand elle a eſté conſiderable, par la maigreur, paſleur, iauniſſe, foibleſſe, perte d'appetit & autres ſignes, or
apres des frequentes agitations, des tranſports furieux, des paroles puiſſantes & continuës, des conuulſions horribles, des actions violentes que le corps
n'en patiſſe point, que les perſonnes ſoient tran-
quilles, guayes, libres en toutes leurs fonctions, &
qu'il n'en reſte aucune marque apres neuf mois en
tant de foibles & delicates filles, cela ne ſe peut faire
naturellement.

Que ce n'eſt point Conuulſion ordinaire.

CE qui ſe voit de plus frequent dans les actions
deprauées de ces filles ce ſont conuulſions, c'eſt
pourquoy nous ne recherchons pas s'il y en a, mais
nous deſirons ſçauoir ſi elles ſont naturelles telles
que les autheurs les deſcriuent, & ſi leur cauſe eſt
ordinaire, & ſans s'arreſter aux moindres, il y en a
deux qui leur ſont aſſez familieres, la premiere eſt
vne generale & eſgale tenſion de tous les muſcles
qui par leurs nerfs & leurs fibres tirant eſgalement *Gal. Com͂*
en deuant & en derriere font que tout le corps de- *ment. ad*
lib. 5.
meuré immobile, roide, tendu, ſans le pouuoir tour- *Aphor. H.*

ner de cofté ny d'autre & les Grecs l'ont appellée
τέτανος. L'autre confifte à fe tenir renuerfées en voûte,
& en arc, appuyées feulement fur le derriere de la
tefte & l'extremité des talons, tout le refte du corps
efleué de deux pieds, de telle forte qu'vn enfant de
fix ans y pafferoit aifément, les mains en l'air, roi-
des & tenduës, & les extrémitez des doigts, des
pieds & des mains retirées & recourbées quelques
fois en dedans, mais le plus fouuent en derriere, &
telle conuulfion eft bien peu diffemblable de celle
que les mefmes Autheurs ont nommée ὀπισθότονος celle
cy eft commune à beaucoup de Religieufes, & ne
fe paffe aucun iour quelle ne leur arriue, l'autre eft
furuenuë plufieurs fois à fœur Barbe de S. Michel,
& les Medecins ont veu trauaillée auec grand
eftònnement.

Nous ne difons pas que ces conuulfions foient entierement contre nature puis que nous remarquons
leur nom & leur difference chez les bons Autheurs,
finon en tout du moins par quelque reffemblance,
mais on peut dire hardiment que comme elles font
tenuës des plus grandes entre les autres qu'ils faut
auffi qu'elle foient excitées par vne puiffante caufe,
fi elle eft naturelle. Car il n'y a rien de fi raifonnable que la caufe doit eftre analogue & proportion-
née à fon effect & l'effect à fa caufe.

Or nous ne pouuons apperceuoir, ny coniecturer raifonnablement quelle peut eftre la caufe natu-

relle d'aucune de ces conuulſions qui ne paroiſt
point,& qui d'ailleurs eſtant ſi forte & ſi agiſſante
ne pourroit en aucune ſorte ſe cacher, ains ſe ma-
nifeſteroit par les choſes qui les precedent, ou celles qui la ſuiuent : Mais ces filles ſe portent bien,
n'ont aucun accident de mal, point de changement
au viſage, nulle alteration dans le poulx, & tout à
coup ſe trouuent priſes, tombent, & ſans degrez ſe
trouuent au fort de leur trauail : Puis ſi toſt qu'elles
en ſont libres ſe releuent auec promptitude, actiuité ſans foibleſſe, laſſitude ſans voix confuſe ny
plaintiue, ſans mal de teſte, rient, chantent, ſe pour-
menent,& font toute autre choſe ſelon leur fantaſie,
& de cecy la concluſion eſt-elle pas apparente?

Que ſi ce grand genie de la nature, le plus ſage
& le plus prudent de tous les Philoſophes eſt en cecy
comme en tout autre choſe veritable, ſans qu'on le
puiſſe conteſter, & qu'il nous aſſeure que cette peril-
leuſe maladie ſe termine au quatriéme iour parce
que la nature n'eſt pas capable de ſupporter plus longuement vn ſi grand trauail, dirons-nous que ces
filles qui y recidiuent tous les iours & y perſiſtent,
ſe nourriſſent & s'engraiſſent de ce poiſon, comme
faiſoit l'Athenienne de la Ciguë?

Mais s'il n'y a aucun vice aux humeurs, nulle intemperature notable, ny aucune corruption aux
parties comme il a eſté deſia prouué, que tout ſoit
en elles dans l'ordre & dans la ſymmetrie où ſe lo-

K 2

geront la repletion, l'inanition & (felon quelques
vns) la fympathie, qui font les feules caufes de la
conuulfion?

D'auantage il faut confeffer que toute forte de
mouuement, & par ainfi ces actions de violence ne
fe font que par le moyen & l'actiuité des efprits
animaux, qui comme tres fubtils penetrent dans la
cauité des nerfs quoy que bien obfcure & peu fenfi-
ble, or ces efprits portans ce qui eft dans le cerueau
aux nerfs comme en l'Epilepfie, où ce qui eft dans
les parties au cerueau comme aux autres conuulfions
& aidant la nature à fe liberer de ce qui luy eft contraire foit humeur ou vapeur, feroit-il bien poffible
qu'apres vn debat & vne contention fi forte & fi
puiffante qui fe rencontre entre tant de parties qu'ils
ne fuffent point laffés, efpuifés, diffipés, affoi-
blis, & que le corps qu'ils font obligez de faire mouuoir n'en fuft pas plus pareffeux, plus impuiffant &
moins actif?

Et fi la conuulfion eft vn mouuement inuolon-
taire des parties qui fe mouuent par la volonté,
comme les Medecins la definiffent & que celle de
ces filles foit naturelle, comment la peut commander vn Euefque comme Monfieur d'Eureux l'a fait
plufieurs fois à celle qui eft poffedée par Anfitif?
car il eft neceffaire que ce foit la fille, ou les humeurs, ou le diable qui obeyffe à ce commandement, fi c'eft la fille il faut quelle foit fourbe

& malicieuse, mais le contraire est manifeste, où
il s'enfuit que son action depende d'elle, & qu'elle ait vn absolu pouuoir d'agir comme & quand
il luy plaist, & cela est contre la nature de la con-
uulsion qui est vne violence qui ne depend point de
nostre puissance, & qui se fait tousiours par vne apparente cause de mal, & contre nostre volonté ; Que
ce soient les humeurs, il y a aussi peu d'apparence:
Car quel empire peut auoir vn Euesque sur eux? Sa
puissance peut-elle les exciter? peut-elle en determi-
ner la quantité, la qualité, les mouuemens & les mo-
mens qui ne se peuuent recognoistre & dont on ne
peut rendre raison qu'apres qu'ils ont fait leur effect?
& cependant quand il la voulu & qu'il la commandé la chose est arriuée, non vne, mais plusieurs
fois, partant faut-il pas dire, qu'en cela il y a du pouuoir de Dieu à commander, & de l'existance du diable qui est contraint d'obeyr, & de faire ce qu'on
luy commande?

Mais que peut-on dire des pieds & des mains
dont les extrémitez, i'entens les articulations der-
nieres se ployent & se recourbent en derriere ? sans
doute les muscles ont bien le pouuoir de se reserrer, *Lib.* 1. *de motu Musc. cap.* 8.
de se retirer, & de se fleschir : & cette contraction ou
flexion au rapport de Galien, est le mouuement le
plus naturel qu'ils ayent, mais l'extension ou la dilatation qui luy est opposite, ne va que iusques à ce
poinct de remettre la partie ou elle estoit au prece-

dent, & n'a pas le pouuoir de faire d'auantage , &
quand par vne deprauation inouye elle le feroit en
quelque autre partie , ce ne feroit iamais dans les
entre-nœuds & les articles des pieds & des mains où
la nature à mis les os *Sezamoïdes* non feulement pour
affermir leur actió, mais auſſi de peur qu'à la rencontre de quelque chofe de dur & d'efleué, il ne s'y fiſt
luxation en arriere.

  Concluons donc que ces conuulfions ne font
point naturelles & que ce n'eſt que par reffemblance, que nous les rapportons aux deux efpeces alleguées, que celles cy font bien plus grandes & tou-
tesfois bien moins perilleufes , puis qu'elles y re-
fiſtent fans affoibliſſement, & inferons de là quelles ne fe font pas par vn moyen interne & naturel,
mais par vn agent externe & bien diffemblable, qui
ne peut eſtre autre que le diable.

Que ce n'eſt pas fureur vterine.

C'Eſt la couſtume du vulgaire, & de ceux meſme qui ont plus de cognoiſſance de la nature,
de rapporter à la matrice la plus grande partie des
accidens qui arriuent aux filles & aux femmes, Car
outre que cela n'eſt pas fans raifon , ils ont encore
pour eux l'authorité d'Hypocrate , qui croit que
cette partie eſt ordinairement caufe de tout le de-
fordre , & de toute la confufion du corps.   Cette

Consideration & la satisfaction que l'Autheur de
l'Examen, dit auoir receuë de ce que le Medecin luy
auoit dit qu'vne de ces filles estoit malade du mal
de mere, me fait traicter cette question pour en
oster le doute, & faire voir que les Medecins n'y
en ont iamais recogneu aucune apparence.

Or entre les maladies qui pourroient en quelque
sorte ressembler aux accez des filles de Louuiers, &
dont on pourroit auoir quelque soupçon, ie n'en
trouue que deux, celle qu'on appelle Fureur vterine ou Erotique, c'est à dire, mal d'amour : & celle
que vulgairement on appelle mal de mere suffocation ou passion histerique. Par la premiere quoy
quelle procede d'vne chaleur excessiue de la matrice & des parties qui l'auoisinent, nous n'entendons
pas pourtant parler de cette sorte d'intemperature,
que bien souuent on appelle chaleur ou inflamma-
tion, quand tout le corps & la substance de cette
partie fait flegmon & tumeur, ou s'enflamme & s'eschauffe de telle sorte qu'on en ressent douleur, &
pesanteur vers les lombes, auec fiéure, tremblement, horripilation, & suppression des excretions
de la vessie, & des intestins : Mais nous parlons
de cet appetit naturel, mais desreglé, qui esguil-
lonne & depraue le sensitif, & qui fait perdre la raison par vn desir insatiable de conuerser auec les
hommes ou par quelque autre semblable resuerie,
ou erreur de l'imagination, & puis que la raison

ſuccombe dans ce mal & quelle quitte la place au
ſentiment , nous ſommes obligez d'aduoüer que
ſa cauſe ne conſiſte pas ſeulement en l'abondance,
& en la corruption du ſang eſchauffé, de la ſemence
en quelque ſorte pourrie , corrompuë & bruſlée,
ou de quelque humeur Melancholique ou Atrabilaire , retenu (comme ont eſcrit quelques Arabes,)
mais qu'il faut neceſſairement que le cerueau ſoit
de la partie , & par la communication & ſympa-
thie qu'ils ont enſemble, que ſa temperature ſoit
alterée, & ſes fonctions peruerties par la reception
des eſpeces , par fumées & vapeurs qui y portent
leur mauuaiſe qualité ou quelquefois par la tranſla-
tion de l'humeur meſme.

Là ſans aucune retenuë , ſans conſideration de
Sexe, de condition , d'honneur & de reſpect, de
honte & de pudeur. Celles qui en ſont malades
s'abandonnent à toute ſorte de licence , proferent
des diſcours ſales & deshonneſtes , chantent des
airs & des chanſons laſciues & diſſoluës , ont des
ſaillies & des mouuemens eſtranges , des poſtures
pleine d'effronterie & de ſaletez & (pour ne rien
obmettre en leur hiſtoire) ſe deſeſperent, ſe precipitent dans les perils & dans la mort meſme, comme firent au rapport de Plutarque les filles Mile-
ſiennes , & ſelon quelque Moderne les femmes de
Lyon.

Mais en tout cela , ſi nous le comparons à ce que
font

font ces filles , ie vois peu de rapport : Car pour aduoüer quelles difent des paroles fales & deshonne-
ftes , quelles font des poftures femblables , que fouuent elles n'ont aucune retenuë , & que leurs mouuemens font lafcifs , que peut-on inferer de là ? Y
a-il raifon de tirer vne conclufion neceffaire d'vn
figne qui n'eft qu'equiuoque & commun, où il n'y
a rien de demonftratif , ou comme on appelle
Pathognomonique, foit pour le mal ou pour la partie?
la moindre frenefie en faira bien autant auec fiéure,
la melancholie fans fiéure mais plus ordinairement
la Manie , dont cette fureur vterine eft vne efpece
chez tous les bons Autheurs , & fi cela eft vray
comme on n'en peut douter , & qu'il ait efté cy deuant prouué que le mal de ces filles ne peut eftre ny
frenefie, ny Melancholie , ny Manie : comme pour-
ra-ce eftre cette fureur Erotique qui en eft vne dependance?

D'ailleurs , ce qui precede ce mal doit eftre l'em-
bonpoinct la plenitude vniuerfelle , la bonne che-
re , les compagnies, la frequentation des hommes,
les ieux , les bals, les exemples, l'oifiueté , l'amour
particulier, pour quelque perfonne, la retenuë des
ordinaires, l'aage parfait, toutes ces chofes ne fe peuuent pas accorder auec les aufteritez de ces filles, les
ieufnes , leurs deuotions, les exercices de leur reigle,
la folitude , l'amour pour Dieu , leur pureté , leur
fimplicité,& leur bas aage eftans plufieurs entre el-

les si ieunes quelles ne font pas capables de tous les
fentimens d'vne perfonne parfaite.

Mais outre cela l'amas des humeurs & leur pour-
riture, voire mefme l'alteration qui s'en enfuit puiffante pour bleffer l'imagination & la raifon, ne fe
fait que fucceffiuement & par degrez, & pendant
cét interualle il eft aifé de remarquer l'inquietude
de l'efprit, l'inegalité du vifage, les yeux pleins de
feu & mal affeurez, le teint malade, la maigreur de
tout le corps & le variable mouuement du poulx:
Comme fit Erafiftrate Medecin de Stratonice &
comme Gallien a fait en plufieurs, fe glorifiant dans
fes efcrits par ce feul figne d'auoir bien fouuent defcouuert cette maladie. Nous ne voyons pas rien
de femblable, ces filles de gayes qu'elles font eftans
prifes tout à coup de leurs accez, & s'en releuans tout
de mefme auec tranquilité, ferenité de vifage, le
poulx bon, & mefme dans le temps ou la paffion leur
commande d'auantage elles ne parlent rien moins
que d'amour ou fi peu que ce n'eft que par raillerie:
Adiouftons à cela toutes leurs autres actions & toute leur diablerie, l'horreur & l'aduerfion quelles ont
pour les chofes facrées, leurs blafphemes, l'intelligence des langues, la reuelation des chofes cachées,
l'elegance de leurs difcours & beaucoup d'autres
chofes qui ne font pas accidens, de ce mal, & qu'on
ne peut legitimement rapporter à aucune caufe naturelle & comme tels ne peuuent pas proceder d'vn
mal ordinaire.

Que ce n'est point suffocation de Matrice.

Pareilles & semblables raisons se peuuent aussi alleguer pour ce qui est de l'autre espece de mal de mere, qu'on appelle suffocation, car bien quelle ne soit pas si ordinaire aux filles comme elle est frequente aux femmes & aux vefues pour la cognoissance & le defir qui leur reste, de ce qu'elles ont eu & dont elles font priuées, elles peuuent pourtant y estre suiettes & quoy que comme vn mesme vin qui enyure plusieurs personnes, ne laisse pas de produire de differents effects, de mesme la seule & vnique cause de ce mal (qui est vne vapeur maligne qui procede de la corruption, de la semence retenuë dans les veines ou espanduë dans la matrice qui s'esleue en haut) fasse voir tous les iours vne varieté de symptomes nous arrestans toutefois aux principaux & plus ordinaires, nous dirons que nous ne voyons point que ces filles soient fans mouuement, fans respiration & fans poulx, ny que la matrice s'enfle comme vn balon, & s'esleue en elles de telle forte qu'en repoussant les intestins, le ventricule & le Diaphragme, voire mesme le cœur & les poulmons en haut, elles semblent suffoquer & s'estrangler, ny moins encore qu'elles perdent entierement la parole, pour ne pouuoir pas attirer l'air suffisamment ou pour n'auoir pas la force de la mettre dehors.

ὂι ἐν ὑπερι-
καῖσαπυρως·
σπασμὸι
εὐχερεῖς.
Conc. c.
14.

On ne peut pas mesme penser que les conuulfions
qu'ont les hyfteriques foient en rien approchantes
de celles de ces filles : car quand elles arriuent fans
fiéure, elles font dit Hypocrate tres faciles, legeres
& aifément fupportables, n'ayant aucune mauuaife
qualité qui puiffe faire violence ou celles de ces
Religieufes, bien que fans fiéure font fi puiffantes
& fi fortes qu'elles peuuent efgaler ou paffer toutes
celles qui fe produifent de la plus grande pourritu-
re du corps.

D'auantage puis que la matrice a familiarité &
commerce auec toutes les parties nobles le foye, le
cœur, & le cerueau, par les veines, par les arteres &
par les nerfs, & que de cette fympathie procede vn
nombre infiny d'accidents en toutes les trois œco-
nomies du corps, refuerie, perte d'efprit, fommeil,
infenfibilité, pareffe, fyncopes palpitations, des ris,
des larmes, des laffitudes ne pouuoir fentir les
odeurs, auoir des degoufts, des appetits eftranges,
des vomiffemens, iauniffes, pafles couleurs, & fur
tout vne extréme foibleffe & telle le plus fouuent
qu'on ne la diftingue pas de la mort. Pour accufer
cette efpece de mal en fes filles, eft-ce pas vne ne-
ceffité d'y trouuer toutes ces marques ou la plus
part, que fi pas vn ne s'y rencontre ou du moins fi
peu qu'il n'eft pas poffible d'en tirer confequence,
peut-on pas legitimement conclurre que ce n'eft pas
cette maladie?

Que les actions des filles de Louuiers viennent du Diable, & par possession.

PVis que tout ce que l'on leur voit faire ne peut venir que de feinte de maladie ou du Diable, & qu'il a esté desia prouué que ce ne pouuoient estre les deux premieres de ces causes, ce qui s'ensuit est assez euident & monstre de soy-mesme, la necessité du troisiéme principe, & qu'on ne s'abuse point de conclurre qu'il ne peut venir que du diable, & cela est en outre si manifeste qu'aux choses mesmes qui pourroient sembler naturelles, il est aisé de voir qu'elles se font par vn moyen externe & surnaturel: Car les agents ordinaires en agissant ne le peuuent pas faire esgalement & de mesme sorte qu'il n'y ait tousiours quelque dechet, soit par la dissipation des esprits par l'indisposition des organes, & par la continuité de leur mouuement, toutes lesquelles choses comme capables d'alteration, ne peuuent pas persister dans vn corps sans le plus ou le moins, ny sans donner des marques de cette mutation aussi tost quelle y arriue, mais nous n'en voyons point encore au fait de ces filles depuis huit ou neuf mois que elles sont trauaillées, auec les excez, les peines, les violences qu'elles souffrent & le peu d'interualle ou elles ont du repos qu'il y ait aucune action affoiblie, ou aucune partie debilitée, au contraire elles persi-

ſtent en leur force & leur vigueur , & n'y paroiſt
en nulle ſorte , ce qui veritablement n'eſt point ordinaire paſſant le cours & les forces de la nature &
auec les horribles blaſphemes quelles font ne peut
proceder que du diable.

D'auantage parler diſtinctement la bouche ou-
uerte & comme elles font lors quelles ont receu le
ſainct Sacrement la langue tirée , eſt vne action que
qui que ce ſoit ne ſçauroit faire naturellement, car
la parole ne ſe fait pas ſeulement par le pouuoir de la faculté animale & le ſeruice que luy ren-
dent les nerfs de la ſixiéme coniungiaiſon que les
Autheurs appellent vocaux , mais meſme par ceux
de la ſeptiéme , qui ſeruent à mouuoir la langue,
afin que par l'agitation & l'attouchement que fait
cette partie dedans & contre le palais pouſſant & re-
tenant l'air comme il luy plaiſt, elle forme & articule
vne voix parfaite & cette marque eſt ſi certaine que
tous les anciens l'ont recognuë aux Sibilles que
nous auons dit eſtre poſſedées, aux Pithoniſſes, Deuins & Demoniaques , & qu'ils ont pour ce ſuiet
appellées ἐγγαστριμύθας, comme ayant quelque Demon
dans le ventre capable d'y parler & rendre ſes reſ-
ponces.

Les grands coups quelles ſe donnent à la teſte continuës depuis huit mois au moins, & pluſieurs fois
le iour ſans fente, ſans playe ny contuſion, furent
auſſi iugez des Medecins vne choſe ſurnaturelle

*Agripa de
occulto
Phil. lib.
3. c. 23.*

*Caliuſ
Rodig. lib.
5. c. 10.
lib. 2. 3.*

& contre l'ordinaire, & qu'il falloit de necessité que le diable interposast quelque corps qui ne peut comme nous croyons estre autre que l'air auec certaines qualitez & dispositions qui nous sont incogneuës qui ne peuuent pas empescher le son, mais l'effect de la violence.

Le commencement de l'accez de sœur Louyse de Pinteruille, donne aussi la mesme creance aux Medecins qui en furent les spectateurs, ayant commencé ses agitations & tout ce qu'elle fist d'extraordinaire par le seul signe de la Croix que luy fist sur l'espaule droite Monsieur d'Eureux en derriere, sans qu'elle eust pû ny le voir ny en rien sçauoir, ce qui ne peut venir que par l'auersion & la repugnance qu'à le diable à toutes les choses sainctes : Et par ce seul signe, autrefois la possession d'vn enfant fut *Lib.2.c.3.* recogneuë par vn Religieux presence de son Abbé, & du pere de l'enfant, au rapport de Surius.

Pareil iugement fut aussi fait des conuulsions qui leur arriuent, lesquelles comme il a esté desia dit n'estant pas entierement naturelles ains faites par vne autre agent que celles qui arriuent dans les maladies ordinaires, & n'ayant aucun rapport de circonstances antecedentes & consecutiues furent iugées ne venir que du diable, & n'estre excitées que par son pouuoir, & pour cette preuue fut remarqué que pendant celle ou le corps est en voûte, & toutes les extrémitez refleschies & recourbées, les filles

ne laiſſent pas ſouuent de parler comme ſi les muſcles de la poiƈtrine, les nerfs recurrens de la ſixiéme ſuite, & ceux de la ſeptiéme dans la contraƈtion
generalle de tous les autres, auoient quelque exem-
ption particuliere de faire leur aƈtion auec liberté:
Ce qui n'eſt pas vray ſemblable.

En l'aƈtion que fiſt la poſſedée de Dagon, tant
le premier iour que le ſecond, paſſant auec agilité
par les feneſtres du chœur & du refeƈtoire, & par le
commandement qui luy fut fait de rentrer en langage Latin, fut recogneuë l'agilité du corps & l'intelligence de la langue Latine, & le diſcours qu'elle
fiſt de la nature Angelique & de ſon excellence,
auec termes elegants, ſignificatifs & pathetiques,
donna aſſez à cognoiſtre à toute l'aſſiſtance quelle
n'eſtoit point capable de toutes ces choſes, & qu'il
falloit que ce fuſt vn autre Doƈteur qui parlaſt en
elle qui ne peut eſtre autre que le diable.

Les blaſphemes horribles, les paroles iniurieuſes,
les inſolences ou pluſtoſt les abominables execrations que font ces filles en Communiant, ne teſmoi-
gnent pas ſeulement leur meſpris; mais l'horreur &
la violence que ſouffrent les diables pour la reelle
preſence du Corps de Ieſus Chriſt, & à dire vray
ç'a touſiours eſté la plus certaine pierre de touche,
pour deſcouurir la poſſeſſion & l'vſurpation du diable, n'y ayant eu iamais aucun poſſedé qui ne ſoit
demeuré court & impuiſſant contre cette preuue,
car quel-